그리고
아무 말도
하지 않았다

김나영 제2시집

그리고
아무 말도
하지 않았다

한강

시인의 말

시가 내게로 온 날을 기억한다.

시를 쓰면서
내 안에 거울을 가지게 되었다.

시를 쓰는 것은
날마다 거울을 닦는 일

나를 들여다보게 한 시
나를 사랑하게 한 시

언제부터였을까?

시는 나의 버팀목이 되었다.

오랫동안 내 안에 묶어 두었던 너를
이제는 보내련다

훨훨 날아가거라.

2025년 8월
김나영

김나영 제2시집　　그리고 아무 말도 하지 않았다

차 례

□ 시인의 말

제1부 그들은 돌아오지 않았다

갈대숲에서는 ──── 13
꿈꾸는 스몸비 ──── 15
거리의 철학자 ──── 17
문장 ──── 19
검은 예식 ──── 21
여-가수 ──── 23
그들은 돌아오지 않았다 ──── 25
소사 뜰 ──── 27
월담 ──── 29
아무런 일도 없었던 것처럼 ──── 31
따뜻한 재회 ──── 32
매운 눈물 ──── 34
이방인 ──── 35
봄, 다시 봄 ──── 37
살아 있는 것들은 ──── 38
오월이 오면 ──── 40
소금강 출렁다리에서 ──── 42

그리고 아무 말도 하지 않았다　　　　　김나영 제2시집

제2부 그리고 아무 말도 하지 않았다

45 ──── 강물은 어디로 흘러갔을까
47 ──── 달팽이의 꿈
49 ──── 그리고 아무 말도 하지 않았다
51 ──── 이쪽과 저쪽
53 ──── 도시의 추방자
55 ──── 거미집
57 ──── 별
58 ──── 귀향
60 ──── 어떤 죽음
62 ──── 그 여자
63 ──── 잃어버린 길을 수배하다
65 ──── 노老이터
67 ──── 섬
68 ──── 기차를 타며
70 ──── 장날
71 ──── 창을 달다
73 ──── 홍화

제3부 그곳으로 간다

그곳으로 간다 —— 77
산 울음 —— 78
거리의 피에로 —— 80
대박 —— 82
공원에서 —— 84
싱크홀 —— 85
공중전화 —— 86
새벽을 밟는 노파 —— 88
거리에서 —— 89
나들이 —— 90
미세 먼지 —— 91
홀로 방 —— 92
소년은 알고 있다 —— 94
잃어버린 봄 —— 96
호박 —— 97
다시, 그 길을 —— 99

그리고 아무 말도 하지 않았다   김나영 제2시집

제4부 고향, 그 강

103 ── 고향, 그 강
104 ── 딱정벌레
106 ── 첫돌
108 ── 눈길
110 ── 그곳에 가면
111 ── 달맞이꽃
113 ── 유리병
115 ── 그해 겨울
117 ── 독백
119 ── 동백꽃
120 ── 십일 월 어느 날에
122 ── 숨은 그림자
123 ── 바람떡
125 ── 생존 법칙
126 ── 겨울 숲
128 ── 길 위에서

□ 해설_김관식

그들은 돌아오지 않았다   제1부

갈대숲에서는

적요 속에 드러누운 밤
창문에 부딪히는 소리가
갈대들의 울음이었다는 것을 늦게야 알았습니다
서로의 손을 맞잡고
서로의 어깨를 맞걸고
밤새 바람의 회초리를 견디고 있었던 것입니다
냉혹한 바람은 갈대들이
부러질 듯 휘청거려도 멈추지 않았습니다
그저 자리를 지키며 몸으로 투항하다
목쉰 소리로 울음 우는 일밖에 할 수가 없었습니다
어느 통곡이 저처럼 비장했을까요
어느 노래가 저처럼 사람의 애간장을 도려냈을까요
갈대들은 무저항의 저항을
노래로 울음으로 토해 내며
새들에게는 집터를 마련해 주고
대대손손 가문을 지키며 휘파람을 불기도 하죠
가만히 들어보면 갈대들의 휘파람만큼
심금을 울리는 음악도 드물 겁니다
날이 밝으면 갈대숲을 찾아

그들의 이야기를 귀담아들으며
휘파람으로 화답할까 합니다

꿈꾸는 스몸비

스크린 도어가 열린다
전철은 입을 열어 꾸역꾸역 사람들을 뱉어 낸다
헐렁해진 전철의 뱃구레가 다시 사람들로 채워진다
밤낮이 없는 일벌들의 행렬에 섞여
겨우 자리 하나를 차지한다
어제와 오늘의 경계가 희미해지고
대낮 같은 밤을 낮처럼 사는 일에 익숙해진 지 오래다
섰거나 앉았거나 무슨 약속이나 한 것처럼
스몸비가 되는 사람들
더러는 진동음에 기대어 단꿈도 꾸지만
모래알 같은 생의 응집력만은 그대로 거머쥐고 있다
비행접시가 되었다가
은하철도 999로 달려가는 속도의 에너지는
스몸비들의 그 좁쌀 같은 꿈이 원동력이라는 생각이다
전철이 달리고 마음이 달리는 동안
토막토막 잘려 나간 꿈들이
이어질 듯 끊어지고
끊어질 듯 이어진다
바깥이 몇 번의 배경을 갈아치우자

속도가 멈추고 서류 가방이 일어서고 신발들이 일어선다
문이 열리고 물상으로 토해지는 사람들 틈새에 끼여
고지서가 기다리고 김장 배추가 기다리는
나의 일상으로 종종걸음을 옮긴다
아무 일 없었던 듯,

거리의 철학자

서울역 지하도 터널 속을 걷다 보면
패잔병처럼 드러누운 사내들 틈에
둥지를 튼 여자가 있다
둥근 대리석 기둥에 기대어 책을 보는 여자가 있다
지구를 붙들기 위해
시멘트 바닥을 꾹꾹 누르는 구두 굽 소리에도
시커멓게 얼룩진 낡은 소매에 가려진
책장을 넘기는 손가락이 사뭇 근엄하다
어디서 왔다 어디로 가는지
다 알고 있다는 듯
빌딩 숲을 점령한 들고양이처럼
헝클어진 머리카락에 가려진 눈동자가 반짝인다
해는 정수리를 지나 시들해지고
음산한 바람이 지하도 깊숙이 헤집고 들어와
겨울의 전령을 전하고
콘크리트 벽 틈으로 사라져도
미동도 하지 않는 그 여자
회심의 미소를 짓는 저 여유는 무엇일까
무료 급식소에서 먹은 국밥 한 그릇

골판지 위에서 뒹구는 신문지 몇 장이
그 여자의 밤을 지켜 줄 것이다
지하도에 둥지를 튼 그 여자는
시멘트 지하 굴속에서 별을 헤아릴까
해탈했다는 것은 저토록 평안한 것일까
잠을 부르는 밤
그 여자가 내 안에서 서성거린다

문장

묵은 것들을 꺼낸다
집을 비우는 중이다
책장 속에 틀어박혀 있는 책들을 골라낸다
철 지난 옷을 버리려다
한번 걸쳐 보는 심정으로 책장을 넘긴다
듬성듬성 문장에 밑줄이 그어져 있다
마음이 문장에 머무른 적이 있었다
문장이 길이 되었던 적이 있었다
페이지를 넘길 때마다
고개를 끄덕이며 눈망울이 빛나던 때가 있었다
꾹꾹 눌러 찍은 신간이라는 글자
빛바랜 종이에서 쿨럭거린다
문장을 불러 활자들의 키를 맞춘 작가를 생각한다
쓰러진 문장을 일으켜 세우고
나무가 가지치기를 하듯 털어 냈을 것이다
일 쇄, 이 쇄를 찍으며
대형 서점 베스트셀러 자리에 꽂히고 싶었을
활자들이 뒤척인다
이 책은 다시 책으로 환생할 수 있을까

다른 생으로 태어나 사람들에게 빛이 될 수 있을까
폐지 더미 속에 던지려던 마음이 붉어진다

먼지를 털어 내고 책꽂이에 꽂자
문장이 내 안에서 꿈틀거린다

검은 예식

한 사내가 떠났다
일용직 공사장에서 받은 몸값을
역 광장 노숙인에게 털어 주고
너털웃음을 흘리곤 했다

눈이 뻘건 아버지를 피해
도시의 뒷골목을 주름잡다
청계천 봉재공장에서 만난 여자와
미아리 달동네에 살림을 차렸다
다른 사내와 정분나 달아나 버린 뒤
고삐 풀린 황소처럼
사내는 세상의 끈을 모조리 잘라 버렸다
불의에 눈감지 못하는 사내의 주먹은
한 생명을 꺼뜨리고
죗값으로 십년을 치렀다
깨져 버린 파편들을 맞추지 못한 사내는
성난 태풍이 사납게 몰아치던 밤
고목처럼 힘없이 주저앉고 말았다
술을 빌려 기억 상실증을 앓던 사내의 심장은

서서히 식어 가고 있었는지도 모른다
추석 연휴 응급실에 방치된 채 사흘이 갔다
골든 타임을 놓친
재수가 없는 사내는
강을 건너고 말았다
등 눕힐 방 한 켠 없이 더부살이하더니
죽어서도 예를 지낼 방 한 평 없다
검은 예식에도 값을 치러야 한다는 것을 몰랐을까
딱한 사정을 빌려 병원비를 지불하고
인정으로 제를 지낼 방 한 평은 마련했다
이승에서 마지막으로 뜨는
밥 한 그릇, 술 한 잔,
운구할 조문객을 맞으며 호탕하게 웃고 있다
그래도 옷 한 벌은 얻었다
검은 리무진을 타고 가니 이 얼마나 호사인가
새들의 밥이 되고
나무의 거름이 되고 싶다는 말을 흘리고 다니던
사내는
추적추적 내리는 가을비를 타고 떠났다

여-가수

전철 안의 침묵이 무겁다
여자 하나 헝클어진 머릿결로 더듬더듬 걸어와
어미 잃은 송아지의 애절한 울음으로
울음과 노래의 경계가 불분명한 목소리
가느다란 물줄기처럼 폐부 저 깊숙한 곳에서
겨우겨우 끌어올리고 있다
어떤 땅을 밟고 와 어떤 허공을 헤매는지
도무지 퍼즐을 맞출 수 없는 애매한 노래들
아리랑 고개라도 넘는지
각설이가 되었다가
이탈리아 오페라 가수가 되었다가
천 개의 옥타브를 넘나든다
반주 없이 부르는 즉흥 교향곡
근엄한 표정들 앞에 고개 숙이며 내미는 빈 바구니
천 원짜리 한 장 날아들지 않는다
목이 쉬어 더 부르지도 못할 노래를 삼키며
울음 섞인 목소리를 가다듬을 즈음
지팡이로 박자를 맞춰 주던 사내 하나 지갑을 연다
모든 시선들이 사내의 행동을 주시하는 사이

파란 배춧잎 한 장 살랑 바구니에 떨어진다
여자의 표정이 살아나고
전철 안의 침묵이 잠깐 술렁거리다 가라앉는다
다시 시작되는 여자의 공연
여자는 가수다

그들은 돌아오지 않았다

뒷집 순자는
기차를 타고 서울로 갔다
쟁기질로 흙을 깨우던 총각들도
하나 둘, 황소를 버리고 떠났다
타관살이 배곯을까 어머니들은
달이 차오르는 밤이면
당산나무 가지에 마음을 걸었다
설날이 되면
됫병 소주 한 병
쇠고기 한 근
나팔바지를 입은 청년들로
고샅길은 들썩거렸다
구두코가 반짝이던 앞집 총각도
갈래머리 곱게 땋아 내린 뒷집 순자도
곱슬머리에 단풍을 들인 후
어느 해부턴지 발걸음이 뜸했다
서울 총각을 만나 아이를 낳았다고
입이 벙그러진 순자 엄마는 미역귀를 챙겨 떠났다
부모들은 자식이 가난한 흙에

손을 담그는 것을 달가워하지 않았다
착근을 잘한 자식들은 낯선 땅의 주인이 되어
식솔들을 데리고 떠났다
안부를 묻고는 돌아갔다
이방인으로 떠돌던 자식들은
귀향하지 못하고 객지에서 흙이 되었다는 소문만
당산나무 가지를 흔들었다
보름달이 차올라도
아무도 찾아오지 않는 당산나무
증인처럼 빈 동네를 지키고 있다

소사 뜰

소사벌 모서리에 터 잡은 지 몇 해
욕심 한번 크게 내어
지번 없는 너른 벌판을 몽땅 사들여야겠다
파란 촉이 눈 뜨는 아침
풀꽃들을 불러 노래를 들려주리
동무와 푸른 쌈에 이슬 얹은 점심을 먹고
느릿한 하품으로 오수에 들면
백만장자도 부럽지 않으리
청개구리 울음 논고랑을 적시면
텃밭에 고추 호박 가지를 모종하리
네잎클로버를 찾아 행운 점을 치던
유년의 시간으로 돌아가리라

음흉한 땅꾼들의 수작에
허리 잘린 땅들이
몸값을 부풀려 널뛰기를 해도
백로가 한가로이 쉬어 가는 뜨락
태양과 구름과 바람이 놀다가는
초록이 출렁이는 나의 뜰에 서서

먼 이국땅의 일인 양 눈길 한 번 주지 않으리
일출을 따라온 귀한 손님들이
일몰의 그림자를 밟고 돌아가면
어둠이 던져 준 고요 속에 누워 별을 헤리라
초록의 뜨락은 평화로웠다고 적으리라

월담

넝쿨장미가 담장을 넘었다
뭇 사내들을 꼬드기고
고샅길을 홍건히 적셔 버릴 모양이다
붉은 수작에 등이 굽은 노파도 발목을 잡혔다
노파의 눈에 빨간 꽃잎이 진다

전쟁으로 부모를 잃은 노파는
두 살 터울 오빠 손을 잡고 읍내로 흘러들었다
열 살에 순경네 애기식모로 들어갔다
열여섯 선홍빛 꽃잎이 뚝뚝 떨어지던 날 밤도
넝쿨장미가 담장을 기웃거리고 있었다
울화병을 앓다 죽은
안방마님 자리를 차지했다는 소문은
바람을 타고 시들은 꽃잎으로 떠돌았다
담장을 기웃거려서는 안 된다는
엄명을 거역한 대가를 혹독하게 치렀다
독이 든 품속에 세 자식을 심어 주고
산적 같은 남편은 시름시름 앓다 떠났다
순자는, 다시

늙은 남자와 새살림을 차려 삼 년을 살았다
땅문서가 가려 버린 백년해로 없는 팔자
자식에게 보석상을 차려 주고도 하늘은 늘 민망하다

열녀 무덤에는 할미꽃 한 송이 외롭게 피고
색녀 무덤에는 장미꽃이 만발하다는데
노파의 두 눈에
그날처럼
붉은 눈물이 뚝뚝 떨어진다

아무런 일도 없었던 것처럼

그 숲을 찾는 것은 오래된 습관이다
편백나무 숲에 들어서면
때로는 나의 이름으로
때로는 누군가의 이름으로
걸치고 있던 옷을 벗어 버리라 한다
앙금처럼 가라앉았다
비수처럼 고개를 치켜드는
발효되지 못한 생각들을 비우라 한다
나무들의 울울창창한 기개를
폐부 깊숙이 들이키라 한다
숲속에서 이루어지는 많은 일들이
별것이 아니듯
세상에서 일어나는 일들 또한
그저 아무것도 아니라 한다
숲이 건네준 처방전을 들고
숲을 빠져나온다
아무런 일도 없었던 것처럼

따뜻한 재회

지하 셋방에 살림을 풀자
졸졸 따라다니던 햇살이 먼저 등을 돌렸다
몇 권의 책 속에서 활자들이 쿨럭거리기 시작했다
눅눅함이 곰팡이를 사육하기 시작했고
벽지가 흘러내릴 때마다
숨어 있던 하이에나가 이빨을 드러내며 으르렁거렸다
선명하지 못한 등짝의 무늬가 후줄근히 젖어서인지
공격은 하지 않았다
어쩌다 건기에 접어들면 희미한 실루엣만 보여 줬다
지하 셋방이 다 불편한 것은 아니었다
세간에 덕지덕지 올라붙은 묵은 때들이
잘 보이지 않아 마음 편할 때도 많았다
지상과 지하를 오르내리며
깔깔거리던 아이들의 웃음만은 때가 타지 않았다
뭘 모른다는 것은
저렇듯 천진한 마음을 일컫는 뜻이 아닐까
간간이 찾아드는 사람들은
무슨 비밀의 방을 살펴보듯
은밀한 눈초리로 더듬어 보았다

의지와는 상관없는 삶의 한 대목을
그렇게 견뎌 내야만 했던 날들이 있었다
힘 좋은 사내들이 살림살이에 붙여 놓은
노랑 딱지들을 하나하나 떼어 내며
지상으로의 탈출에 성공하던 날
등 돌리고 사라진 햇살이 제일 먼저 악수를 청해 왔다
오랜만의 따뜻한 만남이었다

매운 눈물

양파가 썩었다
자루 속에서 서로의 등을 파고들어
뭉그러지고 녹아 버렸다
결코 하나가 될 수 없는 것들
거리를 지켜야 한다는 것을 미처 몰랐다

사람 사는 세상도
적당한 간극만 있으면
아무런 일도 일어나지 않는다는 것을
잠시 잊고 살 때가 있다

탱탱한 것들을 고른다
짓무른 물컹한 속살을 벗기자
밀어 올리는 파란 촉
몸을 삭여 생명을 키우고 있다
매운 눈물 한 바가지를 쏟아 내고
비로소 알게 되었다

살다가 보면 양파처럼
매운 눈물을 흘릴 때가 있다

이방인

바람이 비를 몰고 오는 저녁
커피를 마시러 이태원으로 간다
매몰찬 빗줄기가 가로등을 때려도
태풍 예보를 무시하고 골목을 빠져나와
버스를 타고 한강다리를 건넌다
다리는 빗물을 먹고 삼키며
제 몸을 부풀리던 강이 호방하게 떠내려간다
낯설음이 오히려 익숙한 거리에서
간판을 더듬다 마음 가는 카페로 들어선다
늙은 여자의 갈색 목소리와
다국적의 사람들이 이방의 밤을 마시고 있다
네온 불빛과 골목에서 추방당한
누추한 생의 모서리까지 환하게 밝혀 주는 곳
원주민이 이방인이 되는 카페
이방의 청춘들이 잔 부딪치는 소리
그들의 탄호성에 춤추는 만국기
빗속을 달려 우중의 그늘 속으로 뛰어든
그들과 함께 커피를 마신다
한강다리를 건너 이태원으로 숨어들어

한잔의 커피를 마신다
낯선 이방인이 되고 싶은 날

봄, 다시 봄

서슬 퍼런 바람이
북풍의 채찍을 앞세우고 찾아온 그날
숨죽인 채 구덩이를 팠다
깊숙이 너를 묻었다

한 시절은 가고
햇살을 등에 업고 봉분을 허문다
어둠을 파헤치고
캄캄한 세상을 허문다
너와 나의 경계를 허문다
앗!
봄을 피우고 있었구나
서로의 온기로
지상으로 나갈 힘을 키우고 있었구나

제 몸을 삭여 밀어 올린
파란 촉, 봄
다시 봄이다

살아 있는 것들은

감자를 캔다
튼실한 것들을 골라 찰진 땅에 심고
남은 것들은 버렸었다
종자이기를 포기한 것들을
못 본 척 외면할 수 없어서
잡초 무성한 묵정밭
풀을 뽑고 흙을 다독여 밭고랑을 만들었다
맨손으로 한 톨 한 톨 흙 속으로 밀어 넣었다
유월 장마에 무성한 잎이 좋아
감자를 수확할 시기가 한참이나 지난 후
둔덕을 무너뜨리고 흙을 뒤집었다
푸른 잎을 보는 것으로
꽃을 보는 것만으로 만족했는데
이게 웬 횡재인가
거름 한번 주지 않고
봄 가뭄에 물길 한번 스치지 않았는데
주먹만 한 감자가 듬성듬성 뿌리에 매달려 있다
성질 급한 것들은 바깥세상이 궁금하였을까
캄캄한 흙 속이 답답하였을까

파란 멍이 들어 있다
뿌리에 매달려 있는 감자를 보다
세상의 길을 열어 나갈 때까지
온몸을 내어 주는 어머니를 본다
모든 생물들의 원초적 본능
모든 살아 있는 것들은 뿌리를 향해 있다

오월이 오면

어머니를 요양장에 묻고 돌아오는 길
사람들이 북적거리는 틈을 비집고 앉아 팥죽을 먹었다
어미 잃은 송아지의 그렁그렁한 울음으로
나·집·에·가·고·싶·어
뒷덜미를 낚아채며 따라왔다
수도승처럼 앉아
팥죽 한 그릇을 비웠다

놀이터 옆 식당에 가면 팥죽이 겁나게 맛이 있어야
맛집이라고 소문이 자자하당께
꼭 먹고 가라잉
객지에서는 늘 허기징게
찰 것을 한 번씩 먹어야제
어쩔거나 너는 팥죽을 좋아하는디
내가 못 해 준께 사서라도 먹어야제

가슴에 꽃을 단 사람들은
자랑스럽게 거리로 쏟아져 나왔다
꽃을 든 사람들도 씩씩한 걸음으로 거리를 활보했다

나는 어머니의 척추에 꽃을 달기로 했다
바람이 들락거리는 척추를 세울 수 없다는
기둥이 이미 부식되었다는
청천벽력의 소리에
어머니의 구멍 송송 뚫린 서까래는 허물어져 버렸다

난·괜·찮·아

유산처럼 남기고
어머니는 서둘러 떠났다
미루나무 사이로 하늘이 열렸다

오월이 오면
명치끝에 걸려 침전하던 그렁그렁한 그 말이
목울대를 밀어 올린다

소금강 출렁다리에서

살얼음이 덮어 버린 강
물안개가 피어오르고 있었지
운무가 짙게 깔린 산봉우리
지상에서 하늘로 가는 길이 저 길일까
한참이나 넋 놓고 바라보았네
산허리에 철로가 누워 있었네
기차가 터널을 뚫고 떠난 후 돌아오지 않았네
기다려도 오지 않았네
그 길이 기차가 다니던 길이었다는 것을
그 길로 사람들이 꿈을 찾아 떠났다는 것을
사람들은 까맣게 잊었지
강은 깊은 생각에 잠긴 듯
말보다 더 크고 깊은 침묵만 흐르고 있었네

그리고 아무 말도 하지 않았다 | 제2부

강물은 어디로 흘러갔을까

강이 허연 속살을 드러냈다
나무들을 데리고 와 멱을 감았다는 숲은
어둠이 내려도 오지 않았다

불씨 꺼진 매운탕 집
거미가 주인이 되어 버린 펜션
함구하고 있는 커피숍
해그림자의 마른기침 소리만 강가를 떠돈다

강물이 동네까지 집어삼킨 어느 여름
마을 사람들을 따라
할머니는 뒷산으로 피신했다
집을 통째로 삼켜 버리고
마을까지 욕심을 냈다는 소문은 바람을 탄 지 오래다
사내들의 아랫도리를
아낙들의 걷어 올린 정강이를 걷어차던
물살은 어디를 배회하고 있을까
뱃사공의 이야기는 어디에서 구전되고 있을까

잡초도 살 수 없는 강의 뱃속에서
집채만 한 폐자재들이
쓰레기들과 손을 맞잡고 척박한 땅을 일구었다
바람의 장단에 춤을 추고 있었다
그믐달도 찾지 않는 강에서는
산란은 더 이상 일어나지 않았다

달팽이의 꿈

이른 아침 달팽이는 집을 나선다
등짝에 집을 지고
절벽을 엉금엉금 기어오른다
한 발짝 내딛을 때마다
생의 모서리로 밀려나지 않으려
추락하지 않으려
푸른 잎에 납작 엎드려 고행 중이다

한낮의 태양이 등에 올라타면
진액이 말라 버린 몸을
소진된 다리를 접고
집을 지고 돌아온다
탁발승처럼

자식들 목구멍에 밥
넘어가는 소리가
세상에서 가장 듣기 좋은 노래라던
어머니는
새벽이슬 밟고 나가

별을 이고 집으로 돌아왔다

한생을 등짝에
집을 지고 사는 달팽이
굽은 등짝에 자식들 지고 살다간
어머니를 닮았다

그리고 아무 말도 하지 않았다

고속버스 터미널 대합실에 앉았다
어디로든 떠날 수 있다는 전제 조건도 함께 앉았다
버스만 타면 어디든지 가겠지만
출렁거리는 사람들을 물끄러미 바라만 본다
그냥 말없이 보기만 한다
지루한 초침 소리에 하오의 해는 시들한데
태백의 바람을 싣고 버스가 들어선다
동해를 향해 강릉행 버스가 나간다
비릿한 바다 냄새를 싣고 남해가 들어온다
동해는 출렁출렁
남해는 일렁일렁
저마다의 본색을 드러내며 버스들이 도착한다
천왕봉의 산세에 침을 튀기던 사람들을 싣고
버스가 떠나가도
웃음보따리를 풀어헤치며 여자들이 쏟아져도
대합실 의자에 앉은 나는 무연히 바라보기만 한다
종종걸음으로 차표를 흔들며
사람들에 섞여 어딘가로 떠나고 싶은 현실의 반란은
좀처럼 시도되지 않았다

민달팽이도 맨몸으로 잘만 가던데
나는 대합실 의자에 묶였다
어두워져서야 굽은 다리를 추스르며 돌아선다
그리고 아무 말도 하지 않았다

이쪽과 저쪽

노인이 떠났다
지표 없이 떠돌던 검불 같던 노인이 떠났다
그에게도 좋은 일은 많았다
승승장구하던 사업이 무너진 것은 한순간의 일
은신처가 필요했으리라
중국을 남나들며 보따리상을 할 때가 호경기였다는
그가 호탕하게 웃을 때는 주름살도 따라 웃었다
독거는 외로워서 찜질방을 찾는다고 했다
그리운 가솔들을 가슴에 감추고
구멍 송송 뚫린 가랑잎처럼 바스락거리던 그는
코로나에 밀려 거미가 주인이 되어 버린
선상을 비질하고 왔다
깊은 신음 소리로 잠을 청하던 북풍 소리 요란한 밤
돌아오지 못할 강을 홀로 건너갔다
그가 쓸고 닦던 낡은 배는 어디로 갔을까
노인의 흔적을 찾아서 표류하고 있을까
항구는 멀고 생의 물길은 가팔랐을 것이다
꿈꾸던 항구에 닻을 내린다는 것은
정녕 꿈같은 이야기일까

생의 이쪽과 저쪽을 저울질해 보는 밤
밤은 길고 잠은 뒤척거리기만 한다

도시의 추방자

죽순처럼 솟아나는 고층 아파트
억억 몸값을 부풀린다
남의 일인 듯
아주 먼 나라 일이라고 말을 꾹꾹 누른다
거대한 도시에 민들레 홀씨로 날아들어
외진 귀퉁이에 터를 잡았다
뿌리를 내리기 위해
시멘트 바닥에 납작 엎드려 목숨을 부지했다
서울살이에 편승했지만 그리 오래가지 않았다
달이 기우는 그믐밤
불나방처럼 불빛 주위를 맴돌곤 했다
허름한 변두리에 고층 아파트가 들어서면
도시의 포식자는 혀를 벌렁거린다
바닥에 엎드려 사는 사람들은
아파트 입주권이 하이에나의 먹잇감이 된다는 것을 알고 있다
다시는 특별시에 편승할 수 없다는 것을 알고 있다
사람 위에 사람 없고
사람 밑에 사람 없다는 말은

법전에서 잠이 든 지 오래
금광으로 불리는 특별시
고층 아파트를 신전처럼 받들고 사는 곳
추방당한 사람들은
성벽을 기어오를 수 있을까
다시 성문을 열 수 있을까
특별한 도시귀에 달라붙은 사람들은
자고 나면 더 높이 석탑을 쌓는 도시에서
고층 아파트를 신전처럼 받들고
오늘도 탑돌이를 하고 있다

거미집

집을 지었다
벽돌을 쌓고 기둥을 세웠다
도배지를 바르자 꽃이 피었다
매화꽃 핀 가지마다 새가 날아들었다
별이 총총히 내려오는 밤이면
아이들의 웃음소리가 마당귀를 돌아
연보라 등나무 꽃에 머물다
종소리가 되어 하늘로 울려 퍼졌다
비가 내렸다
욕심이 불러들인 폭우였다
구멍 난 천정으로 빗물이 폭포처럼 쏟아졌다
꽃은 시들고 새들은 날개를 잃었다
서랍 속 묵은 상처들을 끄집어 냈다
장롱 속에 숨어 있던 침묵들이
비상구를 찾아 쏟아져 나왔다
어둠이 빛을 삼키기 위해
혀를 날름거리고 있다는 것을 몰랐을까
세상에는 흑과 백이, 희망과 절망이
늘 한몸이라는 것을 잊었을까

바람에 흔들리고
강물이 집을 삼켜도
다시, 또다시 일어나 집을 짓는다
허공에 집을 짓는 거미처럼

별

어둠을 밟는 소리에
골목길이 술렁거린다
가로등이 켜지고
창마다 불이 켜진다
콘크리트 벽을 헤집고 나오는 불빛

같으면서도 다른
다르면서도 같은
저마다 돌아와
창가에 별빛을 쏟아 낸다

사람의 마을에도 별이 떴다
너의 창에도 별이 떴겠지
관음증 환자처럼 창들을 기웃거린다
오늘밤은
나의 창에도 별빛이 푸르다

귀향

배는 힘차게 달렸어요
국경 없는 밤을 가로질러 갔어요
화물선을 타게 된 것은 행운이었어요
맨발의 사람들이 사는 밀림 속
아름다운 섬
신비로운 섬
휴양지에 정박했다고 귀띔을 해 주었어요
먼저 온 친구들은 어디로 갔을까
누군가는 재생의 길을 갔다고
누군가는 깊숙한 곳에 은밀하게 매장되었다고
비밀들이 새어 나왔어요
낯선 사내들이 꼬챙이를 찔러 몸을 수색했어요
저항할 수 없었어요
내 몸에 묻은 오물과 역겨운 냄새에
눈이 뻘건 사내들이 비수를 꽂았어요
사내들은 내 가슴을 움켜쥐고 쓰레기라고 소리쳤어요
발길질에 채이고 쇠꼬챙이에 찔리다
전염병을 옮기는 바이러스처럼
밀폐된 어둠에 갇혀 버렸어요

눈물이 섬의 골짜기를 지나 바다로 흘러갔어요
배를 잘못 탔다는 것을 감지했을 때
슬픈 역사 암흑기의 소녀들을 떠올렸어요
소녀상처럼 서러워졌어요
환생의 꿈을 잃은 나는
어디로 돌아가야 하나요
어디에 몸을 묻어야 하나요

어떤 죽음

그것은 건망증이 부른 사소한 실수였어
너는 얼마나 황당하고 두려웠을까
한참을 달린 후에야 너의 존재를 생각했어
순전히 나의 이기심
급히 연락할 곳이 있었거든
길 가장자리에 차를 세우고 너를 찾았지
자동차 안을 뒤지다
차를 돌려 원점으로 갔어
자동차 지붕 위에 너를 올려놓고 도로를 달렸던 거야
증거물을 수색하는 콜롬보 형사처럼
조심스럽게 신중하게
자동차들이 쌩쌩 달리는 도로를 탐색했어
너를 찾을 단서를 찾아서
영혼이 빠져나간 듯
바람 빠진 타이어처럼 시들시들해졌지
그러다 반대편 차선 도로에 널브러져 있는 너를 발견했어
 자동차 바퀴가 몇 번을 너를 밟고 지나갔을까
 산산이 부서진다는 것이 너를 두고 한 말이었을까

너의 흩어진 파편들을 집어 들고
손수건으로 조심스럽게 감쌌지
너를 버리고
새 모델을 탐한 것이 후회가 되었어
너와 함께 있던 신분증 카드가 무사한 것에 안도했던 내가
얼마나 이기적인 주인이었는지
연명 치료를 거부하고
장기 기증을 하는 사람을 생각했어
이미 수명이 다한 너의 몸에서
심장 속의 정보를 추출하기

그 여자

버스 터미널에서
시외버스들을 훑어보며 서성거렸다는 여자의 소문이
바람을 탄 지도 사나흘
시월의 을씨년스러운 밤
찜질방에 등을 눕힌다
한때는 밤의 꽃으로 사내들을 홀리곤 했다고
재혼한 남편을 피해 달아나다
뺑소니차에 치여 오랫동안 병원 신세를 지더니
다시 한 사내와 연을 맺고
함박꽃처럼 웃으며
사내들을 향한 반란의 삶을 꾸리던
그렇게 자신을 소진하던 한 여자가 사라졌다

긴 밤, 잡다한 꿈을 뒤척이다
나와는 무관한 그 여자의 행방에 잠을 설치다
문득, 핸드폰을 눌러본다
"고객님의 핸드폰은 착신이 금지되어 있습니다."
부질없는 호기심을 내려놓으며
아직도 여자이기를 꿈꾸는 중년의 여자를 발견한다

잃어버린 길을 수배하다

가던 길을 버리고
되돌아서고 싶을 때가 있다
꼭 가야만 했던 그 길을 단호하게 팽개치고
돌고 돌아 아주 먼 길을 돌아왔을 때에야
후회와 안도의 숨이 동시에 몸을 빠져나왔었다
미지의 길이 암시하는
낯선 꿈의 세계를 애써 외면해야 했던 것은
나의 의지가 너무 나약했는지도 모른다
실핏줄처럼 이어지는 길들을 가로질러
넓고 단단한 외길만을 선호하는 나의 오만에
붉은 제동이 걸렸는지도 모른다
나의 생은 언제나 몇 갈래의 길을 펼쳐 놓고
자주 시험에 들게 했다
그럴 때마다
나는 안락의 오판에 걸려 넘어지기 일쑤였다
선택의 잘못이란 그런 것일까
시곗바늘은 뒷걸음질을 안 한다는 것을 알고서야
내가 버린 그 길이 진정 나의 길이었음을 알았다
어쩌다 여기까지 왔으나

가야만 했고 버려야만 했던 그 길을 이제야 찾아나선다
잃어버린 나의 길을 수배하며
한잔의 뜨거운 커피로 에너지를 충전한다

노老이터

봄꽃이 흐드러지게 핀 노老이터
노인들이 모여들었다
보도블록 헛디딜까
뒤뚱거리고 삐거덕거린다
골목이 십 리인 양
담벼락에 기대어 거친 숨을 토해 낸다

온몸으로 붙든 빈 유모차
구멍 송송 뚫린 석가래처럼
바람 빠진 관절이 위태롭다

벚꽃이 팝콘이었으면
이팝나무가 쌀나무였으면
그 시절에 보릿고개 거뜬히 넘었을 텐데
하얀 꽃잎을 향해 쏟아지는
노구의 입담이 즐겁다

미끄럼틀 그네는 녹슬고
바람이 주인이 된 노老이터에

노인들이 봄꽃처럼 앉아
이야기보따리를 꿰매고 있다

섬

일상이 무너졌다
담장을 만들어
장벽 속에 가두어 버린다

도로를 달리는 자동차들
거리를 활보하는 사람들은 모른다
만질 수도 볼 수도 없는 형체에
저격당했다는 것을
벽과 벽 사이에 고립될 것이라는 것을
격리, 격리, 격리
무죄, 무죄, 무죄

어떤 때는 자의적으로
어떤 때는 타의적으로
벽을 만들고 장벽을 친다

어둠이 드러누운 도시
창마다 불이 켜져도
열리지 않는 문
도시는 이미 섬이 되었다

기차를 타며

기차가 떠났다
기차는 희망의 나라로 데려다줄 줄 알았다
산모퉁이를 돌아가는 기차의 꽁무니를
무연히 바라보다
애꿎은 돌멩이만 걷어찼다
생채기가 지워진 날
어머니의 가슴엔 회색빛 홀씨를 심고
가슴에 청보리 싹을 틔우고 기차를 탔다
간이역의 이름들
낯설은 마을들
낯가림이 끝나고
만남과 이별의 중량만큼
레일 위를 달린 길이만큼
그 속에서 풀어지는 삶의 애환들 성을 쌓았다
"내 딸은 비를 몰고 다니는구나!"
플랫폼 울타리에 기대어
빨간 칸나처럼 활짝 웃던 어머니
문설주를 붙들고 하얀 싸리꽃으로 피다
아카시아 숲에 누웠다

목울대 젖는 아픔을 도로 삼키며 기차를 탄다
내가 만든 둥지를 향해

장날

가을볕에 속을 채운 콩, 팥,
투명한 속을 비운 고추
어미젖을 뗀
눈이 그렁그렁한 송아지
황룡장터로 모여들었다
송아지 몸값을 올려 받았다고
막걸리 사발 부딪히는 소리
팥죽 한 그릇에도 흥겹다
아버지가 마늘을 싣고
장에 가는 날
빙 둘러앉은 두레 밥상
다섯 숟가락이 분주하다

창을 달다

때로는 보이지 않는 것이 다행일 때도 있다
얼룩진 풍경들은 못 본 척 외면하고 싶을 때
시선을 놓치지 않고 쫓아오는 것들을
무시해도 좋을 만큼
활자들이 헝클어지고 뒤뚱거려도
가끔은 너그럽게 봐 주고 싶었다
문에 자물쇠를 채우듯
어쩌면 세상과 단절의 시간을 갖고 싶었는지도 모른다
하지만 세상의 일이란 정색을 하고 있어서
원조라는 말을 무시해서는 안 된다
정답을 찾기 위해
과녁을 향한 화살처럼 신중해야 한다
신문의 활자들을 외면하고 덮어도
끈질기게 쫓아오는 문자들의 아우성
무지와 무관심으로 일탈을 꿈꾸다
당당하게 바람과 맞서리라
창을 달았다
창으로 풍경들이 들어와 낙인처럼 박힌다
창을 달고 나니 변고가 일어났다

하늘에서 우레가 쏟아지듯
묵혀 두었던 목록들이 창에 달라붙었다
곡선의 평상들이 사선으로 들어왔다

거울 앞에 섰다
거울 속의 여자가 환하게 웃는다

홍화

잡초 무성한 벌판을
개발이라는 변명이 점령하고 있습니다
중장비들의 난폭한 출현에
농익은 꽃봉오리 행여 꺾일까
은밀한 비밀들이 발설될까
꽃송이가 바람에 흔들릴 때마다
나비들의 춤사위가 위태롭습니다
먼 길 떠난 임을 기다리며
불변의 언약을 품고 산다는
지체 높은 규방의 여인처럼
무수한 속설만 풍문처럼 떠다닙니다
꽃이 지면 행여 터전 잃을까
벌이 앉았다 간 주홍빛 입술마다
태양의 고문을 견뎌 낸 사리들을
붉은 비수로 에워싸고 있습니다
하늘을 받들고 선 도도한 자태
먼 길 떠난 임 찾아오면
고목 같은 몸에 파고들어
홍화는 꽃 피울 그날을 기다립니다

제3부 그곳으로 간다

그곳으로 간다

매정하게 떠나는
기차의 꽁무니를 쫓아
빈 철로 위를 밤새 달렸다
어느 바람 불던 날
기차를 탔다

걷다 보면 늘 그 자리였다
생은 늘 줄타기였다
도시의 물결에 섞이지 못하고
이방인처럼 겉도는 날이 많았다
어두운 골목을 서성이다
풀이 죽어 돌아오면
따뜻하게 안아 주던 그곳

정수리에 있던 해가 기울었다
무지개를 따라간 소년은 기차를 탄다
그곳으로 간다

산 울음

산이 운다
화마의 아가리 앞에서
끅 끅 검은 울음을 토하고 있다
진달래꽃이 온 산을 빨갛게 불태우면
바람은 골짜기에서 초록 물을 퍼 날랐다
단풍이 산등성이에 불을 놓으면
하늘은 백설을 뿌려 진정시켰다
해마다 건조기가 되면
자연의 법칙을 무시한 자를 향해
경고문을 보내도 소용이 없다
방심이 쏘아 올린 불화살에
죄 없는 숲이 수난을 당한다
나무를 심던 사월에 나무들이 죽어 가고 있다
칠십 년 공들인 숲
생태계가 허물어지고 있다
헬리콥터가 물 폭탄을 투하해도
고속도로를 점령하고 사람의 마을까지 내려왔다
아가리를 벌리고 집을 삼켰다
성난 바람 앞에서

탯줄이 끊어진 산허리에서 산란産卵이 일어날 수 있을까
문명의 불씨가
부메랑이 되어 돌아올 수 있다는 것을
사람들은 몰랐을까

거리의 피에로

밤이 열리자
공연이 시작되었다
바람이 허공을 흔들 때마다
펼쳐지는 오색 빛의 쇼
마치 꼭두각시 피에로 같다
객석은 텅 비었다

사람들이 묵인하는 사이
전선으로 몸을 휘감고 촘촘히 전구 방울을 매달고 갔다
어둠의 무대에서 펼쳐지는
겨울나무의 공연에 대하여
밤에 피는 꽃의 정체에 대해서 아무도 입을 열지 않았다
가로수의 잎이 푸른빛을 잃었다는
우체국 앞을 환하게 비추던 목련이
전기톱에 밑동이 잘려
트럭에 실려 갔다는 소문에도
사람들은 생각을 감추고 귀를 닫았다
숙면에 들어야 한다는 것을
봄을 잉태하고 있다는 것을

사내들은 몰랐을까

나무는 봄을 피울 수 있을까

대박

무슨 큰 비밀이 있다
압구정동 성형외과를 들락거리는 여자들도
얼굴을 가리는 것을 보면
마돈나를 표절한 입술도
클레오파트라를 위조한 콧대도
민낯을 보여서는 안 된다
벚꽃 그늘에서도
유채꽃밭에서도
큰소리로 들숨과 날숨으로 말해서는 안 된다
무성한 입에 함구령을 내린 법의 발상지는
파리도, 밀라노의 거리도 아니다
금족령이 내린 거리를 활보하는 것을 보면
분명, 은밀한 비밀이 있다
일찍이 수십억 명의 사람들을 손아귀에 넣은
지구촌을 강타한 패션은 없다
사계절을 제압한 유행은 없었을 것이다
수십만 장을 사재기하다 쇠고랑을 찼다는
늦은 밤 밀매 현장을 경찰이 덮쳤다는 뉴스는 오보가
아니다

공항 검색대에서 압수를 당했다는 무수한 말들이
봉쇄된 하늘길로 되돌아왔다
나라마다 사재기를 부추기고
대박을 쫒는 사람들은 서둘러 공장을 차렸다
한치 앞도 내다보지 못하는 식견에
막차를 탄 사람들은 한숨을 쉬었다
사람들의 입과 코를 쥐락펴락하는
지구촌의 손과 발을 감금시킨 기이한 패션은
어디서 불어왔을까
대박이다

공원에서

봄볕 가득한 공원
서리 맞은 호박 넝쿨 같은 노인들이
운동기구에 바짝 달라붙어 몸을 만든다
회전판 위에 올라서서 팽이를 돌린다
발보다 앞서 걷는 얼굴
저 노구의 몸도
멀쑥한 신사복의 청춘이 있었으리
바람을 밀고 가는
저 다리도
만국기 펄럭이는 운동회 날
아들 손잡고 청백전을 벌인 날도 있었으리
벚꽃이 피었다 지고
개나리가 피고 지고
영산홍이 붉게 타오르다 사그라지고
라일락이 피었다 지는 계절을 몇 번을 건넜을까
아이들 웃음 사라진 공원을 채우는
노구의 희미한 웃음마저 사라지면
돌아오는 봄
공원은 누가 지킬까

싱크홀

구멍 하나를 따라 들어가면
박쥐가 된 사람들이 철구렁이를 타고
낮과 밤의 경계 없는 생을 달리고 있다
토담이 헐리고
나무들의 뿌리가 사라졌다
도시의 심장은 긴 철심들에 찔려 종일 쿨쿨거린다
시커먼 철구렁이가 만들어 내는
또 다른 불야성
어디가 시작이고 어디가 끝인지
도무지 종잡을 수 없는 미로 속에서
광기에 젖은 사람들의 비애가 자못 슬프다
지하 세계를 탐독하는 사람들
언젠가는 지상을 향해 욕망의 깃발을 올릴 것이다
비상의 날개를 펼칠 것이다
잘못 빠져 허우적거리던
마음의 싱크홀도 벗어날 수 있을 것이다
아직 온전한 박쥐가 되지 못해
지하철을 기다리며
내 안에 뚫려 있는 커다란 구멍을 발견한다

공중전화

한때는 전성기가 있었지
내 집 앞은 언제나 북적거렸지
긴 행렬에 섞여 조급해하는 사람들을 보면 안타까웠지
중요한 약속을 잡아 주고
합격 통지서를 전해 주고
다급한 일들을 전해 주었지
골목으로 구급차를 불러 줄 때는 조바심이 났어
연인들이 은밀한 얘기를 할 땐
엿듣기라도 한 것처럼 얼굴이 화끈거렸어
어쩌다 싸우기라도 한 날에는 내 고막이 터질 것 같다가
화해를 시키고 나면 편안하게 잠이 들었지
취객의 손에 내동댕이쳐질 때도 있었는데
그런 날은 병원 신세를 져야만 했어
사람들은 내게 화를 내고 욕설을 퍼부었지
고향의 부모님께 안부를 전해 주는 일도 내 몫이었어
처마 밑에 더부살이하다
파란 지붕이 있는 유리집을 지어 이사를 했는데
어느 날부턴가 사람들의 발길이 뜸해지기 시작했어
가끔 소낙비를 피하기 위해 찾아들었다

거들떠보지도 않고 사라져 버렸어
그 많던 사람들은 어디로 간 것일까

우체통이 말했어
그때가 우리들의 전성기였다네
바람처럼 가 버렸어
바람처럼.

새벽을 밟는 노파

바람이 할퀴고 지나간 거리
노파는 어둠 속에 발을 넣는다
도심의 심장 속으로 들어간다
아들 사업이 부도나자 며느리는 집을 나갔다
자식 버리고 간 어미는 발 뻗고 잘까
쇼윈도 속 마네킹을 물끄러미 바라보다
소주병 옆에서 잠든 손주 생각에 목울대가 울렁거린다
거리를 한 바퀴 돌아봐도 텅 비었다
빈 수레만 덜그럭거리고
구멍 난 장갑 손등만 비비적거린다
전봇대에 기대고 있는
비닐 자루를 발견한 노파의 발이 달려간다
도둑고양이 먹잇감을 찾듯
자루들을 풀어 헤친다
집게는 덥석덥석 입을 벌려
오물 묻은 캔, 패트병을 골라낸다
굽이굽이 살아낸 노파의 등짝이
새벽바람에 휘청거린다
수레는 아침 햇살을 실어 나르고 있다

거리에서

거리는 텅 비었다
광장을 채우던 함성이
일몰 속으로 사라진 거리에서
꼭 올 것이라는 확신으로 서 있다
거리에 가로등이 켜지고
침묵을 깨는 시계의 알람 소리에
내 의지는 톱밥처럼 부서져 버린다
너와 나의 거리는 얼마쯤일까
사거리에서 잠시 숨을 돌리는 자동차 바퀴처럼
혼탁한 생각들을 내려놓고
거리에서 일어나는 일들을 무심히 지켜보다
너를 발견하는 순간
등불처럼 피어나는 한 송이 꽃
묵은 생각들을 접고 달려간다
사람, 사람들이 사는 세상 속으로.

나들이

유모차가 나들이 나왔다
걸음마를 배우는 아이처럼 신중하기 그지없다
손주들 응석 받아 주고
웃음을 실어 나르던 자리에
햇살이 앉아 반짝거린다
빈 유모차를 밀어 올리는 거친 숨소리
관절통을 겪는 낡은 바퀴를
굴렁쇠를 굴리듯
봄바람이 살며시 밀어 준다
노구의 숙녀들이
노란 담장 앞에서
배를 허공으로 치켜올린다
허리를 세운다
꽃이 참 곱다

미세 먼지

꽃들이 개화를 서두르는 공원
흑기사들이 출몰했다
봄처녀가 실종된 거리엔
히잡 속의 무슬림 여인 같다
핸드폰을 다급하게 깨우는 긴급 속보
세계는 미세 먼지와 전쟁 중
미세 먼지 주의보를 발령합니다
맨몸으로 맞서다
봄을 건너지 못하고 쿨룩거린다
병원은 감기로 몸살 중
불경기에 몸값을 올린 공기청정기는 품절이다
황해에서 보내온 황사를 탓하다
산의 허리를 잘라 만든
들의 평화를 짓밟은 개발이 몰고 온 괴물
미세 먼지에게 죄를 묻다
가끔은 자동차에게 휴식을 주리라

내일 아침엔 공기통을 지게에 지고
북청 공기장수가 대문을 두드릴 것 같다

홀로 방

가랑잎 같은 생 하나가 떨어졌다
열흘은 지났을 것이라 했다
홀로 사는 노인의 죽음
이런 뉴스가 어제 오늘만의 일이 아니라고
허허로운 입담들이 늦가을처럼 덮었다

관계의 끈을 풀고
벽과 벽을 쌓아
철탑처럼 경계를 세우고 살아가는
시대의 이야기가 상흔처럼
연신 뉴스 귀퉁이에 달라붙어 있다

마른 잎처럼
바스락거리던 저 생도
연분홍 꽃잎으로 피어날 때가 있었다
광야를 달리며 호령을 할 때가 있었다
두레 밥상에 앉아
이야기꽃을 피우던 때가 있었다

관객 없이 내려 버린
연극의 막장처럼
생의 마지막을 알리는 종소리에 두려웠을까
저쪽 생의 문을 열고
성큼성큼 걸어갔을 넋을
위로하듯 비가 내렸다

고립을 걱정하며
고립을 꿈꾸며 사는
사람들의 이야기는
내일도 일간지 귀퉁이에 방을 차리고
주인처럼 들어앉아 자리를 지킬 것이다

'홀로 사는 노인이 사망한 지
한 달 만에 발견되었습니다'

소년은 알고 있다

배가 도착하자
마을은 술렁거렸다
얼마만에 찾아온 행운의 배인가
야윈 목 앙상한 팔
트럭의 꽁무니를 쫓아가는 아이들
발은 맨발이다

트럭이 꾸역꾸역 속을 비우자
보물찾기라도 하는 듯 신중하다
자루 속에 하루의 양식을 담아야만 한다
통조림을 발견한 눈이 샛별처럼 빛난다

만삭의 코끼리가 쓰레기를 출산한 이유를
상처를 붙들고 다시 산을 오른 까닭을
소년은 알고 있다
동생이 배를 움켜쥐고 신음하다 죽은 밤
어머니는 금족령을 내렸다

섬사람들이

천천히 죽어 가고 있다는 것을
지구 저쪽 사람들이
차용하다 버린 쓰레기라는 것을
소년은 알고 있다
오늘도 배앓이를 함구한 채 산을 오른다

잃어버린 봄

외출 자제령이 내리고
자가 격리 되었다
벚꽃동산은 폐쇄되고
유채꽃밭도 갈아엎었다

기억의 문을 열고 달려간다
청보리밭 길을 따라
굴렁쇠가 풀씨를 깨운다
동면에 들던 대지가 기지개를 켠다
초록이 번진다

바람이 앉았다 간 담장
개나리가 꽃잎을 열었다
음침하던 골목길이 노란 전등을 켠 것처럼 환하다
벚꽃, 생강나무, 백목련
조용하던 길이 술렁이기 시작한다

격리 해제
빗장을 열어젖힌다
아, 봄이 맞다

호박

황금 옷을 입은
잘 익은 호박 한 덩이
속살은 죽을 쑤어 잔치를 벌였다
하얀 사리들을 채반에 펼쳐 햇빛에 내어 놓았다
어머니의 손톱에 피멍을 만들어
맏딸 혼인 잔칫상에 올린 호박씨 강정을 생각했다
내 인내는 어머니를 닮지 않았다
죽은 화초를 뽑아내고 흙 속에 묻어 버렸다
화분 속에 버린 것은
씨앗이 씨앗이기를 포기한 게으름의 선택이었다
거름이나 되라고 꼭꼭 누르고 흙을 다독거렸다
베란다 구석에 방치된 채
봄을 두 번 건너도록 잊고 살았다
화초에 물을 주다 발견한 파란 촉
생명의 깃발을 밀어 올리고 있었다
물 한 번 준 적 없는데
좁은 공간을 비집고 무리 지어 올라왔다
새 생명이 움트는 소리로 집 안이 술렁거린다
화분을 들고 밭으로 달려간다

올겨울엔 호박씨 강정을 만들 것이다
어머니가 그랬던 것처럼

다시, 그 길을

묵은 달력을 떼어 내고
새 달력을 벽에 걸었다
숫자들이 흰 도화지 위에서 꿈틀거린다
내 의지와는 상관없이
다시, 그 길을 가야만 한다
천천히 발을 옮겨도
시간은 가속 페달을 밟고 달려갈 것이다
가다 보면 힘들고 주저앉고 싶을 때도 있지만
먹구름이 비바람을 몰고 와도
아침 햇살은 어깨를 주물러 줄 것이다
순간들은 꽃으로 피어날 것이다
출발선은 있어도 목적지는 알 수 없는 길
험한 산을 만나
나약함이 고개를 들어도 멈출 수는 없다
어떤 날은 웃음으로
어떤 날은 눈물로 기록되어도
완주해야만 하는 이 길
긴 터널을 돌고 돌아
끝자락에 다다를 때

미완성으로 달려온 숫자들을 붙들고
나를 들여다볼 것이다
그리고 지금처럼 새 약속을 할 것이다
희망역을 출발한 기차가 푸른 깃발을 흔들며
해 뜨는 마을을 지나
해 지는 마을에 도착하는 그날까지
넘어지고 또 넘어져도 멈출 수는 없다
다시, 그 길을

제4부 고향, 그 강

고향, 그 강

마음도 내 것이 아닐 때
다리 난간에 기대어 잔물결을 물끄러미 내려다본다
강물이 세찬 물결을 일으켜 흐를 때는
꿈을 꾸었다
더 큰 강으로
드넓은 바다를 향해 배를 띄웠다
강물처럼 흐르고 싶었다
물결은 몸을 불려 강으로 흘러가고
나는 나이테를 만들며
더 넓은 세상을 향해 달렸다
얼마나 많은 마을을 지났을까
간이역을 지나
정착한 도시에서
물결 위를 배회하는 물고기처럼
거센 풍랑에 허덕이고, 엎어지고, 뒤척이다
표류하는 배처럼 흔들리고 휘청거리다
잔물결을 따라 그 강을 거슬러 오른다
한 마리 연어처럼

딱정벌레

천사들이 산다고 한다
하늘문이 열리는 곳이라 한다
천사를 기다린다는 천사요양병원을 찾아간다
추를 잃어버린 저울처럼
제멋대로 흔들리는 관절 속으로
바람만이 자유롭게 들락거리는
혼미한 어머니를 보러 간다

형광등 불빛에 탈색된 기억들
가출한 정신이 간간이 찾아드는지
혼신의 힘으로 허공을 움켜쥐려 한다
딱정벌레를 닮아 가는 무리 속에
낮밤을 혼동하는 내 어머니가 섞여 있다
다섯 자식 품어 키워 놓고
어느 한 자식의 품 안에도 들지 못하고
노구의 원초적인 본능을 보이는 것조차 부끄러워
생의 빈 곳으로 밀려난 어머니
해 뜨고 지고 달이 차고 기우는 세상 이치를
온몸으로 받아내고 있다

한시바삐 하늘문이 열리기를 기도하며
천사들의 마중을 기다리는 어머니가 있다
어머니, 제가 하늘문을 열어 드릴게요
제가 천사가 되어 드릴게요
오늘도 여자는 천사요양병원을 찾아간다

첫돌

연분홍 저고리에 물든 홍안이
복사꽃처럼 곱다

우박 맞은 배춧잎처럼
구멍 송송 뚫린 메리야스
단추 잃은 블라우스
다섯 손가락이 모여 그녀를 이야기한다

씀바귀보다 쓴 시집살이
자식을 경작하며 불렀을
요람장을 울렸을
그녀의 애창곡 여자의 일생
등짝에 한 폭의 묵화를 그려 입고 살은
그녀가 정갈하게 웃고 있다

지아비 꿈속에 파고들어
대문 문고리만 움켜쥐다
그렁그렁한 눈물을 등에 지고
거북이걸음으로 돌아섰을 고샅길에

걸음마를 배우는 아이처럼

나·집·에·가·고·싶·어

인장처럼 꾹꾹 찍고 간

나·집·에·가·고·싶·어

눈길

폭설 주의보를 따라나선다
고속도로가 뚫린다고 고샅길이 소란스럽다
일개미가 되어 버린 어머니
열한 살 딸아이 손잡고
눈보라 속에 섰다

달세 놓을 방에 필
꽃 도배지 사러 가는 읍내 십 리 길
야속한 눈보라는 발목을 넘어
목울대를 적시고
무뚝뚝한 발자국을 지워 버린다
마을은 눈 속에 묻혀 고립을 걱정해도
장승처럼 맞서는 모성

그때는 몰랐다

가로수를 길잡이로
폭설을 등불 삼아
어린 손 힘주어 잡은

거북이 등짝 같은 차디찬 손
그렁그렁한 눈물방울을
눈이 덮고 있다는 것을

열한 살 아이 머리에도
눈발이 내려
이국보다 먼 곳으로 어머니를 보내고
훤히 보이는 그날 밤
눈길.

그곳에 가면

플랫폼 울타리에 기대어
빨간 칸나처럼 활짝 웃던 어머니
그곳에 가면 만날 수 있을까
어머니의 가슴엔 회색빛 홀씨를 심고
철없는 가슴엔 푸른 싹을 틔우고
희망역을 향하는 기차를 탔다
낯설은 마을 낯가림이 끝나고
레일 위를 달린 길이만큼
나는 덩치를 키우고 어른이 되었다
그곳에 가면
하얀 싸리꽃이 무리 지어 피어 있을까
황토빛 어머니가 서성이고 있을까

그곳에 가면

달맞이꽃

공터에 살고 있어요
처음부터 여기에 뿌리내린 것은 아니에요
강둑에서 물소리를 들으며
달빛을 보며 꿈을 키웠었지요
바람이 이곳으로 데려다준 후
풀꽃들과 도란도란 키 재기를 하며
밤이슬을 먹고 꽃을 피웠지요
난개발의 역풍에
내 터전을 사람들에게 빼앗기고
담장 밖으로 추방당했어요
그래도 한동안은 슬프지 않았어요
아파트로 통하는 작은 문으로
아이들의 웃음소리가 들렸어요
엄마 손을 잡은 아이는
작고 하얀 손가락으로 나를 가리키고
이름을 불러 주었어요
그런 날은
가로등 불빛에도 내 얼굴은 빛이 났어요
이제 꽃을 피울 수가 없어요

공사장에서 버린 폐자재에 깔려
허리가 잘리고 팔이 부러졌어요
봄이 오면 다시 일어날 수 있을까요
꽃을 피울 수 있을까

유리병

베란다 구석에 웅크리고 있는 유리병
아버지가 남기고 간 유품이다
포장을 뜯는다
빛바랜 뚜껑을 돌리자 부서져 버렸다
폐암을 앓던 아버지는
가야 할 때를 알고 있었다
한 줌 약으로 배를 채우던 아버지는
개복숭아를 설탕에 묻었다
쌕쌕거리는 숨소리
생명 줄을 움켜쥐고 가늘게 떨리던
이제는 가야 할 것 같다
어서 가고 싶다
서럽게 듣던 그 말이
유리병에서 튀어나왔다
아버지는 유리병 속에 무엇을 묻어 두었을까
자식들 앞에 두고
입안에서 굴리던 마지막 말이
혀끝에 달라붙어 떨어지지 않았다
허공에 심지 못한 한마디는 무엇이길래

업보처럼 가지고 가셨을까
진액 뽑힌 쭈글쭈글한 개복숭아가
아버지의 마지막 살 같아
유리병 속에 넣고 밀봉한다

그해 겨울

그해 겨울은 추웠다
어미 떨어지기 싫어하는 어린 딸
점방 귀에 딸린 골방에 재우고
일에 매달려야 하는 시절이 있었다
냉기를 몰아내기 위해 난로를 샀다
가운데 놓고 불을 댕겼다
난로의 토악질이 천정까지 올라붙고
그을음은 순식간에 점방을 삼켜 버리고
돈과 바꿀 물건들을 폐지로 만들어 버렸다
남편의 말 화살이 내 가슴을 향해 날아들었다
에누리 돈 삼만 원에 현혹된 선택의 결과였다
처음부터 싸구려를 택할 심사는 아니었는데

퇴직금으로 마련한 재물들이
화마의 아가리 속에 삼켜지고 말았을 때
잿더미 위 철재 책상 서랍 안에서 발견된
동전 몇 닢을 움켜쥐며
두 아이를 힘주어 끌어안던 시절이 있었다
남의 집 배추 절인 소금물을 퍼 나르던 밤

훔쳐보는 달빛에
내 그림자조차 부끄러웠던 시절이 있었다
기억의 언저리,
어둡고 깜깜한 삶의 터널 속을
울며 걷던 시절이 있었다
젊음 하나 등에 지고 앞만 보며 달려야 했던
그해 겨울은 추웠다

지금, 창밖에는 눈보라 휘날리고 해가 저문다
악몽을 추억처럼 떠올리며
전기밥솥 스위치를 누른다

독백

내가 이리 될 줄은 꿈에도 생각 못했제
땡볕에 앉아 콩밭을 맬 때도
내 키보다 더 큰 잡풀들을 뽑아낼 때도
콧노래를 흥얼거렸제
휜 허리 받치던 엉덩이 힘들다고 털퍼덕 주저앉아도
흙 방석은 푹신하기만 했어야
허기진 뱃가죽을 막걸리 한 사발로 달래고
씨감자를 한 톨이라도 더 심으려고 자갈밭에 서면
기우는 해는 왜 그리도 야속하던지

파란 촉이 무럭무럭 자라는 밭고랑에 앉아
땀으로 멱을 감아도 콧노래가 절로 나왔제
저것들이 자식들 키워 줄 것인게
내 배곯아도 시장한지도 몰랐당게
흙 속에 묻은 시간들을 돌려놓고
촘촘히 들어앉은 찰진 옥수수 먹으며
도란도란 옛얘기하며 살 것이라 생각했제
나는 새끼들 우물우물 밥 씹는 소리가
세상에서 제일 듣기 좋은 노래였어

내 입성 먹성은 언제나 미뤄 두었어
그런 세상이 올 것이라고 믿었당께
새끼들이 어미가 되어 내 품에서 훨훨 날아간 뒤
내 몸은 무너져 버렸제
방바닥에 달라붙은 내 몸뚱이는
밭고랑에 묻어 버린 시간을 끄집어 내서 곱씹고 있당게
묵정밭만 기웃거리고 있당게

동백꽃

동백나무를 보면
겨우살이를 준비하는 아버지가 보인다
바닷가 갯바람 소리와
파도 소리를 즐겨 듣던 동백나무는
낯선 정원에 쉽사리 적응하지 못하고
시름시름 앓거나 죽는 것도 있었다
나무를 살리려는 헌신이 시작되고
아버지의 마음을 들었는지
푸른 혈맥이 생기를 되찾았다
아침 햇살이 문을 열면
햇살의 젖꼭지를 물었다
동백꽃이 붉은 입술을 내밀었다
아버지의 입술도 붉게 벙글었다
낯가림의 고통을 이겨낸 둥치가
싱싱한 꽃물을 길어 올리고 있었던 것이다
붉은 꽃잎보다
사철 푸른 잎사귀가 좋다던
동백꽃 사랑이 불타고 있었다

십일 월 어느 날에

십일 월 끝자락에 선 바람은 냉정했어
잎을 모두 떨쳐 버린 앙상한 가로수 아래
그냥 서 있었어
어두운 골목길에서 성큼성큼 걸어올 것만 같아
신작로에 자동차를 세우고 기다렸지
그렇게 한참을 기다려도 보이지 않았어

문득, 목소리가 들렸어
신작로에 주저앉아 있는 어머니를 보았어
너는 학원 간 딸도 기다리냐
학원 차가 문 앞까지 데려다줄 텐디
나는 네가 친구 만나러 나가면
가슴이 방망이질을 했어야
내 심장은 그때부터 커졌다 쪼그라졌다 한 거여
너도 인자 딸 키워 보니까 알것지

늘 그 자리에 있을 줄 알았지
횅한 바람이 신작로를 쓸고 다녔어
플라타너스 잎이 이리 쏠리고 저리 쏠리고

거리를 배회하고 있었어
나처럼
푸른 잎이 무성했던 그날은 어디로 간 걸까

숨은 그림자

생떼를 쓸 때면
다리 밑에서 주워 왔다고 했다
어리둥절한 얼굴로
어른들의 농 섞인 웃음에
땅바닥에 주저앉아 발을 동동 굴렸다
뱁새 같은 눈을 비비고
두 눈 크게 뜨고
다시 보아도 부모님을 닮지 않았다고
정말로 다리 밑에서 주워 온 것 같다고
엄마를 찾아 동구 밖 다리 밑을 찾기도 했다
여름밤 강바람처럼 환기시켜 주었다
삭발식을 끝낸 얼굴에서
어머니의 흔적이 묻어 있는 눈과 코를 지나
위장을 절개하고
허기진 모습으로
흔들리는 지구를 온신의 힘으로 붙들고 있던
깡마르고 파리한 아버지가 보인다
기린처럼 목을 길게 빼고 먼 산을 바라보다
움푹 파인 골로 흐르는 희미한 웃음
아버지가 보인다

바람떡

연탄불 위에 쌀밥 뜸들이고
부지런한 해 잠 깰까
텃밭에 앉아 호미질을 하던 어머니
헐렁한 몸뻬 바지에 가려진 관절이
흰 고무신 속 발가락이 퉁퉁 불어서야
어둠을 밟고 집으로 왔다

비가 오는 날이면
대청마루에 좌판을 차렸다
고소한 냄새 담을 넘으면
제비 새끼마냥
떡판 앞에 나란한 오 남매
어머니의 손이
허공에서 마술을 부리면
색색의 반달이 쏟아졌다

어미 새가 새끼 새에게
먹이를 주듯
다섯 자식 내미는 부리 속에

갓 빚은 바람떡을 넣어 주었다

달착지근하고
보드라운 어머니의 온기가
입안을 넘어서면
과자 먹고 싶다 칭얼대던 막내는
내일도 비가 오면 좋겠다며
양 볼이 터질 듯 손이 바쁘다

바람떡으로 속을 채운 새끼들은
새 둥지를 찾아 날아간 뒤
어머니는 아카시아 향기 속에 누웠다
그날의 바람떡을 찾아 떡집을 찾는다

생존 법칙

숲속에서 벌어지는 일들은 늘 푸르다
팔딱이며 존재를 알리는 풀벌레들
그 숲이 사라지고 있다
벌목 된 나무들이 패잔병처럼 누웠다
원주인을 추방시키고
고층 아파트가 들어설 것이다
천년의 비바람을 이겨 낸
노송의 울울창창했던 기세는 꺾여 버린 지 오래다
집을 잃고 헤매던 고라니가
자동차 바퀴에 깔려 핏빛 울음으로 죽어 가는 일도
산짐승들의 터전에 중장비를 들이대는 무법자
약육강식의 힘 피라미드
강자 앞에서 움츠리는 약자들
생존 법칙 앞에서 어쩔 도리가 없다
하늘과 바람과 구름을 마당에 들이고
숲의 원주인과 공존할 수는 없을까

겨울 숲

겨울 숲에 갔습니다
푸르렀던 숲은 속을 환히 드러내고
그 자리에 서 있었습니다
나무들은 쉭쉭 소리를 내며
부러질 듯
쓰러질 듯
서로의 등을 기대고
서로의 손을 맞잡고
바람에 맞서고 있었습니다
나무가 세차게 흔들릴 때마다
함께 부르는 노래가
숲속에 울려 퍼졌습니다

새들은 날개를 세우며
나무들 사이를 즐겁게 오갔습니다
봄, 여름, 가을, 겨울
계절이 바뀌어도
제 할 일을 묵묵히 하고 있습니다
새들에게 등을 내어 주고

겨우살이 짐승들에게 먹이를 주고
자식을 품은 어머니처럼
혹독한 겨울바람을 당당히 맞서
생명들을 지키고 있습니다

길 위에서

길이 언제부터 있었는지
어디에서 시작되었는지 알지 못합니다
그 길로 수많은 사람들이 오고 가고
광장의 물결처럼 밀려왔다가
다시 썰물처럼 빠져나갔습니다
오늘도 한 사람, 또 한 사람
내가 아는 이름이 그 길 끝에 방점을 찍었습니다
그가 남긴 발자국은 머지않아 지워질 것입니다
붉은 입술에서 꽃잎처럼 떨어져
흔적 없이 사라질 것을 알고 있습니다
단풍잎이 저마다의 빛깔로 살다 가듯
그들도 저마다 다른 꽃을 피우고 떠났습니다
누군가는 평평한 길의 연속이었고
누군가는 오르막길이 더 길었습니다
한번 들어서면 되돌아갈 수 없는 길
지나고 나서야 훤히 보이는 길
문득, 길 가장자리로 비켜 앉아
내가 만난 길 위의 풍경들을 떠올립니다
마침표를 찍고 싶은 순간도 있었지만

뒤돌아보면 우는 날보다 웃는 날이 더 많았습니다
잠이 멀어지는 밤이면
생각들은 꼬리를 흔들고 그 길로 달려갑니다
그 길 위에서 만난 사람들
그 길 위에서 헤어진 사람들을 생각합니다
더 가야 할 길이 얼마쯤일지 가늠할 수 없지만
지나온 길보다 짧다는 것을 알기에
천천히 그 길을 걸어갑니다
길 끝에 방점을 찍는 날
내가 걸어온 길은
아름다운 길이었다고 말할 것입니다

김나영 시인의 시 세계 | 해설

> 해설

동시대 생활 체험의 소환과 그 의미
― 김나영 시집 『그리고 아무 말도 하지 않았다』

김관식 | 시인, 문학평론가

1. 프롤로그

　김나영 시인이 두 번째 시집 『그리고 아무 말도 하지 않았다』를 발간하게 되었다. 시집 제목에서 의미하듯이 앞의 상황의 원인과 대등한 뒤의 상황은 침묵으로 일관한다는 말이다. 왜 말을 하지 않는 것인지 독자는 궁금하다. 궁금증을 유발하는 제목이 독자들의 호기심을 자극한다.
　왜 침묵하는지 시집을 살펴보면서 시인의 내면세계를 추적해 보기로 한다. 일반적으로 시의 내적 구조는 "공간세계의 자아화"에 기초한다. 따라서 시인의 시 세계를 탐구하는 일은 자아화한 공간 세계를 구성하는 다양한 정보와 상황을 파악하고 설명 불가능한 텍스트 내부의 공간성은 시인의 심리적·정신적 경험 기반주의에 입각해서 추론과 설명을 정당화한다.

김나영 시인이 살아왔던 물리적인 공간은 70년대 산업화가 진행되면서 시골 인구의 도시 집중화로 공간 이동이 빈번하게 이루어지는 시기이다. 그 당시 시골 사람들은 태어나서 성장한 고향을 떠나 일자리를 찾아 대도시로 이주했고, 도시는 이들이 살 집을 마련하기 위해 대형 아파트 단지가 조성되었으며, 도로가 정비되고, 교통 통신 시설이 다양하게 신설되거나 늘어나기 시작했다.

이 시기에 고향을 떠나 도시에 정착한 이주민들은 명절이면 고향을 가기 위해 기차역과 버스 정류장은 교통 전쟁을 치르는 풍속도가 연출되었다. 그러다가 80년대 정치적 격동기를 거친 이후 이러한 풍속도는 점차 소강 상태가 되어 갔다. 이 시기에 동시대를 살아온 사람들의 생활 체험을 소환해 낸 시집이 바로 『그리고 아무 말도 하지 않았다』이다. 김나영 시인이 왜 침묵해야만 했는지 그 까닭을 시집의 시들을 감상하면서 밝혀 보고자 한다.

2. 동시대의 생활 체험의 소환과 그 의미

홍문표는 《현대시학》에서 "일반적으로 서정시의 가장

두드러진 특징은, 시인의 내적인 공간 세계와 외적인 공간 세계가 결합하거나 충돌하는 관계에 놓여 있다. 이때 주관적인 정서와 객관적인 사물의 교감에 의하여 빚어지는 결과를 '창조'라고 말한다. 또한 분석자의 입장에 따라 주관과 객관, 자연과 인간, 세계와 자아, 객체와 주체 등의 대응 관계를 말하기도 한다. 중요한 것은 시인의 내면적인 의지가 외부적인 세계와의 긴장이나 마찰에 의해 내적 공간으로서 유토피아를 조망하는 데 있다."라고 했다. 산업화가 진행되는 시기에 동시대를 살아왔던 수도권에 거주하는 사람들의 생활 체험을 김나영 시인이 자신의 경험을 바탕으로 시로 형상화하여 소환해 놓음으로써 고향을 상실하고 살아가는 사람들의 정서적인 공감대를 자극한다.

1) 소시민의 생활 모습과 소외층에 대한 애정

이 당시 우리나라는 산업화가 되면서 국민 소득이 늘어나기 시작했고 풍요로운 생활을 향유하게 되었다. 그렇지만 껍데기를 탈피한 매미처럼 그들이 떠나온 고향의 공간을 늘 기억하며 살고 있었다. 그러다가 문득 고향이 생각나면 돌아가고 싶은 마음이 간절했지만 실천하지 못하고 마음뿐이었다. 늘 가슴속에 품고 사는 고향을 텔레비전의 방송 "나는 자연인이다"와 같은 프로그램을 보며 대리만족했다. 이 프로그램이 인기리에 방영되는 까닭은 고향 생각 때문이고, 헤테로토피아의 공간을 찾아 안정을 도모하려는 본능적인 행동으로 추측된다. 자연으로 돌아간 사람들의 생활 모습을 보면서 망각한 고향을 떠올림으로써 심리적인 안정을 도모하려는 헤테로토피아 공간이라고 할 수 있을 것이다. 그래서 이 프로그램이 인기 프로그램으로 방영될 수 있었던 것이다. 헤테로토피아라는 말은 미셸 푸코가 『말과 사물』에서 처음 사용한 말로 어원적으로 유토피아utopie는 없는 공간을 의미하는 이상향이지만, 헤테로토피아heterotopie는 실제로 존재하는 다른(이질) 공간을 의미한다.

    뒷집 순자는
    기차를 타고 서울로 갔다
    쟁기질로 흙을 깨우던 총각들도
    하나 둘, 황소를 버리고 떠났다
    타관살이 배곯을까 어머니들은
    달이 차오르는 밤이면
    당산나무 가지에 마음을 걸었다
    설날이 되면
    됫병 소주 한 병
    쇠고기 한 근
    나팔바지를 입은 청년들로

고샅길은 들썩거렸다

구두코가 반짝이던 앞집 총각도

갈래머리 곱게 땋아 내린 뒷집 순자도

곱슬머리에 단풍을 들인 후

어느 해부턴지 발걸음이 뜸했다

서울 총각을 만나 아이를 낳았다고

입이 벙그러진 순자 엄마는 미역귀를 챙겨 떠났다

부모들은 자식이 가난한 흙에

손을 담그는 것을 달가워하지 않았다

착근을 잘한 자식들은 낯선 땅의 주인이 되어

식솔들을 데리고 떠났다

안부를 묻고는 돌아갔다

이방인으로 떠돌던 자식들은

귀향하지 못하고 객지에서 흙이 되었다는 소문만

당산나무 가지를 흔들었다

보름달이 차올라도

아무도 찾아오지 않는 당산나무

증인처럼 빈 동네를 지키고 있다

─〈그들은 돌아오지 않았다〉 전문

이처럼 명절날 때가 되면, 귀향으로 몸살을 앓던 버스 터미널과 기차역이 점점 한산해지기 시작했다. 도시로 정착하여 귀향할 이유가 없어진 사람이 늘어났기 때문이었다. 그들은 찾아갈 수 없는 상실한 고향을 탤레비전 속의 '나는 자연인이다'를 보면서 대리만족하기 시작했다.

산업화 과정에서 도시인으로 생활이 안정되지 못하고 밀려난 아웃사이더는 거리의 철학자로 유랑했다. 산업화의 그늘에서 치열한 생존 경쟁 속에서 정신 질환자가 되거나 교활한 인간들의 탐욕의 희생물이 되어 버린 사람들은 거리를 떠돌며 노숙하는 신세가 되기도 했다. "빈익빈 부익부"의 사회 현상을 대변하는 자본주의 특성은 거리를 떠도는 노숙자를 만들었다. 복지의 사각지대에 놓인 이들의 문제는 어느 나라나 해결하지 못한 골치 아픈 문제로 남아 있는 것이다.

이러한 소외된 사람들을 김나영 시인은 따뜻한 시선으로 바라본다. "서울역 지하도 터널 속을 걷다 보면/ 패잔병처럼 드러누운 사내들 틈에/ 둥지를 튼 여자가 있다/ 둥근 대리석 기둥에 기대어 책을 보는 여자가 있다"라고 여성 노숙자를 "잠을 부르는 밤/ 그 여자가 내 안에서 서성거린다"(〈거리의 철학자〉)라고 자기 자신과 동일화하여 나의 문제이며, 동시대를 살아가는 사람들의 공통적인 문제임을 제기한다. 어쩌다가 복지의 사각지대에 떠도는 여성, 즉 책을 보는 여자인 것으로 보아 고등 교육을 마친 여성 노숙자로 보이는데, 이들에게 문제에 대해 남다른 관심을 보인다.

또한 "한 사내가 떠났다/ 일용직 공사장에서 받은 몸

값을/ 역 광장 노숙인에게 털어 주고/ 너털웃음을 흘리곤 했다"(〈검은 예식〉)는 '검은 예식'은 산업화의 어두운 그늘에서 한때의 감정을 자제하지 못하고 주먹을 휘두르다가 평생 밑바닥의 인생을 살다가 죽음을 맞이한 사내는 살아 있을 때 같은 처지의 노숙인에게 자신의 일당을 털어 주는 성자 같은 선한 행동을 해왔음을 부각시킨다. 그렇다, 대부분 착한 사람은 경쟁에서 밀려나 악한 사람의 희생양이 되는 게 일반적인 세태다. 이런 상황 속에서 김 시인은 자신의 목적을 달성하기 위해서는 인정머리가 없는 사람들이 부를 축적하고 떵떵거리며 살아간다는 이율배반적인 사회의 모순을 지적하고 있다.

오늘날 지하철을 타고 일터로 이동하는 수도권에서 생활하는 소시민들의 생활 모습을 〈꿈꾸는 스몸비〉라는 시로 "스크린 도어가 열린다/ 전철은 입을 열어 꾸역꾸역 사람들을 뱉어 낸다/ 헐렁해진 전철의 뱃구레가 다시 사람들로 채워진다"(〈꿈꾸는 스몸비〉)라고 묘사하고 있다. 스몸비라는 말은 '스마트폰'과 '좀비'를 합성한 말로 스마트폰 화면을 들여다보느라 길거리에서 고개를 숙이고 걷는 사람을 넋 빠진 시체인 좀비의 걸음걸이에 빗대어 일컫는 말이다, 오늘날 이런 사람들이 거리를 걷다가 교통사고 등 각종 재난으로 생각지도 못한 장애인이 되는 경우가 있는 등 사회적인 문제로 대두되고 있다.

이제 70년대 기차를 타고 고향을 떠나 서울로 이주했

던 사람들은 도시인이 되어 살아가고 있다. 지하철과 시내버스를 타고, 또는 승용차를 타고 사람을 만나고 일터를 오가며 아파트의 공간에서 살아간다. 그들에게 일차 산업인 농사를 짓는 일은 이제 모두 박물관이 되었다.

자기 주택을 소유하기까지 땀 흘려 일을 해야만 했다. "지하 셋방에 살림을 풀자/ 졸졸 따라다니던 햇살이 먼저 등을 돌렸다/ 몇 권의 책 속에서 활자들이 쿨럭거리기 시작했다/ 눅눅함이 곰팡이를 사육하기 시작했고/ 벽지가 흘러내릴 때마다/ 숨어 있던 하이에나가 이빨을 드러내며 으르렁거렸다"(〈따뜻한 재회〉) 지금도 생활이 안정되지 못한 하층민들은 지하 셋방을 전전하는 등 갈수록 도시는 빈익빈 부익부로 빈부 차이가 벌어지는 격차 사회가 되고 있다.

소시민으로 "살다가 보면 양파처럼/ 매운 눈물을 흘릴 때가 있다"(〈매운 눈물〉)처럼 '매운 눈물'을 흘릴 때도 있을 것이고, 집안 정리하다가 "책장 속에 틀어박혀 있는 책들을 골라낸다/ 철 지난 옷을 버리려다/ 한번 걸쳐 보는 심정으로 책장을 넘긴다/ 듬성듬성 문장에 밑줄이 그어져 있다"(〈문장〉) 시인은 문장에 눈길이 가고 책의 역사를 상상하기도 한다. 소비를 부추기는 시대에 낡은 옷과 책 등 생활 도구가 버려진다. 산업화가 이루어지기 전 궁핍한 시절에는 '아나바다' 운동을 전개하며 검소하게 살았었다. 그러나 산업화로 인해 국민소득이 늘어나

풍족한 생활을 하기 시작하면서부터는 유행이 지난 옷과 생활도구는 아직 쓸모가 있음에도 불구하고, 마구 버리는 낭비가 심한 시대가 되었다. 이렇게 마구잡이로 소비하고 낭비하다가 보니 버려지는 물건들이 넘쳐나게 되고, 그 때문에 지구 환경이 날로 심각하게 오염되고 있는 것이다.

고향을 지키고 있는 늙은 부모가 있는 소시민들은 가끔 고향 집을 찾아가 일손을 돕기도 하지만, 이런 모습은 점점 사라지고 있다. 고향에 남아 있는 부모님들이 연로하셔서 모두 돌아가시고 있기 때문이다.

〈살아 있는 것들〉은 어머니가 계시는 고향 집을 찾아가 텃밭의 감자를 캤던 생활 경험을 소환한 시이고, 〈소사 뜰〉은 도시화가 되기 이전의 '소사 뜰'의 모습을 소환한 시다. 그리고 이제는 이런 모습이 사라졌지만 몇 해 전까지만 해도 전철 안에서 구걸하는 사람들을 볼 수 있었다. 전철 안에서 〈여-가수〉는 노래를 부르며 구걸하는 시절을 재생해 보여 준다. 〈월담〉은 넝쿨장미가 담장을 너머 피어 있는 집에 사는 사람의 인생사를 역사적 상상력으로 형상화하여 서사체로 진술했다.

"넝쿨장미가 담장을 넘었다/ 뭇 사내들을 꼬드기고/ 고샅길을 흥건히 적셔 버릴 모양이다/ 붉은 수작에 등이 굽은 노파도 발목을 잡혔다/ 노파의 눈에 빨간 꽃잎이 진다"(〈월담〉)처럼 역사적인 아픔을 개인사를 통해 보여

줌으로써 김나영 시인의 사회적, 역사적 상상력이 우수함을 명징하게 보여 주고 있다. 동시대의 사람들이 모두 공감할 수 있는 소재를 시로 형상화해내는 시적 능력은 오랜 습작 과정을 거치지 않고서는 불가능하다. 이 시는 오늘날 사물의 외향만을 형용사로 늘어놓는다거나 사물의 외형의 아름다움에 자신이 빠져들어 넋두리를 늘어놓는 시적 기능이 미숙한 시인들이 많은 상황에서 시란 사물 속에 숨어 있는 것들을 상상력을 발휘하여 이미지로 형상화하거나 모두가 공감할 수 있는 서사로 시적 대상을 객관화시켜 진술하는 역량을 갖추어야 비로소 시인이 된다는 깨우침을 주기에 합당한 본보기로 손색이 없는 시라고 할 수 있다.

　김나영 시인의 시적 특징은 재미있는 서사가 있는 시를 창작해낸다는 점이다. 김 시인이 대부분 시로 구사하는 서사는 시적 대상과 매우 관련이 깊거나 은유로 서사가 가능한 것들이다. 누구나 공감할 수 있는 서사를 시로 형상화해낸다. 따라서 시로 쓴 짧은 소설, 즉 손바닥소설[掌篇小說]과 유사하다는 점이 아무도 흉내 낼 수 없는 그만의 개성이다. 이런 류의 소설은 『설국雪國』으로 1968년 노벨문학상을 수상한 일본의 소설가 가와바타 야스나리가 많이 쓴 걸로 알고 있다. 가와바타 야스나리의 『설국雪國』의 첫 문장 "국경의 긴 터널을 빠져나오자, 설국이었다"라는 명문장처럼 김 시인의 시는 시 속의 서사적

이야기가 푸코가 말한 고향을 상실한 동시대 사람들의 생활 경험을 소환하고, 그들이 꿈꾸는 서정적인 헤테로토피아 공간으로 이동시키는 마력을 가지고 있다는 것이 김 시인의 시의 개성이라고 할 수 있다.

2) 시공간을 넘나드는 상상력, 그리고 방랑의식

좋은 시는 개인적인 체험을 뛰어넘어 동시대 사람들이 모두 공감할 수 있는 생활 체험으로 정서를 객관적으로 확장하여 형상화하고, 감각적으로 구체화하여 묘사한 진술한 시다.

김나영 시인은 시공간을 넘나드는 상상력으로 개인적인 생활 체험을 사회적 체험으로, 역사적 체험으로 확장하여 시공간을 입체적 형상화한 시를 쓴다. 〈그리고 아무 말도 하지 않았다〉라는 시에서는 고속버스 터미널 대합실이라는 공간 이동의 시종점始終點에서 상상력으로 여러 고장의 정취를 소환한다.

어디론가 떠나기 위해 서성거리는 사람들의 이야기를 동시대를 살아가는 사람들의 생활 경험을 오직 상상력으로 소환한다. 때로는 〈그 여자〉의 시처럼 개인사적 서사로 동시대 사람들의 다양한 생활 모습을 소환하기도 하고, 〈귀향〉의 시처럼 역사적 상상력으로 일제 강점기 정신대로 끌려간 소녀들의 서사를 소환하기도 하는 등 시

공간을 넘나드는 상상력을 펼쳐 누구나 공감하는 서사적인 스토리를 엮어 놓는다.

김 시인의 내면의식은 "불씨 꺼진 매운탕 집/ 거미가 주인이 되어 버린 펜션/ 함구하고 있는 커피숍/ 해그림자의 마른기침 소리만 강가를 떠돈다"(〈강물은 어디로 흘러갔을까〉). 시공간을 넘나드는 상상력으로 서사를 펼쳐 시 속에 정서적 공감이 큰 손바닥소설 한 편을 엮는 등. 시라는 거미줄로 상상력을 펼쳐 걸러든 서사를 독자들이 실감나게 읽고 공감하도록 입체적으로 엮어 놓는다.

거미들은 날벌레들이 방심하는 폐가에 거미집을 짓는다. 그러나 김 시인의 시의 거미집은 장소를 가리지 않지만, 소외된 계층이 거주하는 곳에 시의 거미줄을 치고, 동시대의 생활 체험을 서사로 풀어낸다.

"벽돌을 쌓고 기둥을 세웠다/ 도배지를 바르자 꽃이 피었다/ 매화꽃 핀 가지마다 새가 날아들었다/ 별이 총총히 내려오는 밤이면/ 아이들의 웃음소리가 마당귀를 돌아/ 연보라 등나무 꽃에 머물다/ 종소리가 되어 하늘로 울려 퍼졌다"(〈거미집〉)

이처럼 동시대를 살아가는 생활 체험은 서사적인 스토리로 공감각적으로 독자들을 끌어들인다. 김 시인의 시 한 편을 읽어 본 사람은 김 시인이 직조한 시로 쓴 서사의 거미줄에 걸린다. 독자는 서사의 거미줄인 그물 놀이방에서 소환된 서사적 스토리에 빠져들게 된다.

고속버스 터미널 대합실에 앉았다
어디로든 떠날 수 있다는 전제 조건도 함께 앉았다
버스만 타면 어디든지 가겠지만
출렁거리는 사람들을 물끄러미 바라만 본다
그냥 말없이 보기만 한다
지루한 초침 소리에 하오의 해는 시들한데
태백의 바람을 싣고 버스가 들어선다
동해를 향해 강릉행 버스가 나간다
비릿한 바다 냄새를 싣고 남해가 들어온다
동해는 출렁출렁
남해는 일렁일렁
저마다의 본색을 드러내며 버스들이 도착한다
천왕봉의 산세에 침을 튀기던 사람들을 싣고
버스가 떠나가도
웃음보따리를 풀어헤치며 여자들이 쏟아져도
대합실 의자에 앉은 나는 무연히 바라보기만 한다
종종걸음으로 차표를 흔들며
사람들에 섞여 어딘가로 떠나고 싶은 현실의 반란은
좀처럼 시도되지 않았다
민달팽이도 맨몸으로 잘만 가던데
나는 대합실 의자에 묶였다

어두워져서야 굽은 다리를 추스르며 돌아선다
그리고 아무 말도 하지 않았다
―〈그리고 아무 말도 하지 않았다〉 전문

　사람들이 어디론가 이동하기 위해 모여든 장소, 기차역, 고속버스 터미널 대합실, 시외버스 정류장, 여객선 터미널, 백화점 등등 공공장소에서 오고 가는 사람들을 보고 시공간을 넘나드는 상상력으로 개개인의 생활 체험을 동시대를 살아가는 사람들의 공동 체험으로 확장한 서사적 스토리로 공감을 불러일으킨다. 그 기발한 입체적인 서사에 빠져드는 사람들은 말문이 막힌다. 당연히 〈그리고 아무 말도 하지 않았다〉는 화자의 이야기에 침묵할 수밖에 없다.

　많은 사람에게 공감 가는 시를 쓰려면 시인은 여러 곳을 여행해야 한다. 새로운 장소로 이동하여 다양한 생활 체험을 해야 좋은 시상이 떠오르게 되는 것이다. 김 시인은 그래서 여러 곳을 여행하기 위해 고속버스를 타거나 기차를 탄다. 오늘날 도시에 거주하는 소시민들은 "이른 아침 달팽이는 집을 나선다／ 등짝에 집을 지고／ 절벽을 엉금엉금 기어오른다／ 한 발짝 내딛을 때마다／ 생의 모서리로 밀려나지 않으려／ 추락하지 않으려／ 푸른 잎에 납작 엎드려 고행 중이다"(〈달팽이의 꿈〉)라는 '달팽이의 꿈'을 꾸는 답답한 도시 생활에서 정신적인 스트레스를 해소하고 심리적 안정을 취하는 휴식을 위해 여행을 떠난다.

 휴일이면 고향을 찾기도 하고, 등산, 골프, 낚시 여행, 식도락 여행, 드라이브, 가족 여행 등등 답답한 도시 공간을 벗어나 휴식을 즐기는 레저문화가 일상화되었다.
 "기차가 떠났다/ 기차는 희망의 나라로 데려다줄 줄 알았다/ 산모퉁이를 돌아가는 기차의 꽁무니를/ 무연히 바라보다/ 애꿎은 돌멩이만 걷어찼다/ 생채기가 지워진 날/ 어머니의 가슴엔 회색빛 홀씨를 심고/ 가슴에 청보리 싹을 틔우고 기차를 탔다"(〈기차를 타며〉) 고향을 떠나 더 나은 생활을 찾아 도시로 가기 위해 기차를 탔던 오래된 이야기에서부터 해마다 껑충 뛰는 집세를 감당하지 못해 도시의 변두리 아파트로 이사를 가야 했던 소시민들의 생활 모습을 "죽순처럼 솟아나는 고층 아파트/ 억억 몸값을 부풀린다/ 남의 일인 듯/ 아주 먼 나라 일이라고 말을 꾹꾹 누른다/ 거대한 도시에 민들레 홀씨로 날아들어/ 외진 귀퉁이에 터를 잡았다"(〈도시의 추방자〉) 이처럼 '도시의 추방자'가 되기도 하고, 승용차를 몰고 가거나 길을 걷다가 교통사고로 병원 신세를 지거나 죽음을 맞는 것이 오늘날 도시인들의 생활 모습이다. "그러다 반대편 차선 도로에 널브러져 있는 너를 발견했어/ 자동차 바퀴가 몇 번을 너를 밟고 지나갔을까/ 산산이 부서진다는 것이 너를 두고 한 말이었을까/ 너의 흩어진 파편들을 집어 들고/ 손수건으로 조심스럽게 감쌌지/ 너를 버리고/ 새 모델을 탐한 것이 후회가 되었어"(〈어떤 죽음〉) 이처럼 처참한 죽음을 맞기도 하고, "노인이 떠났다/ 지표 없이 떠돌던 검불 같던 노인이 떠났다/ 그에게도 좋은 일은 많았다/ 승승장구하던 사업이 무너진 것은 한 순간의 일/ 은신처가 필요했으리라"(〈이쪽과 저쪽〉)처럼 사업에 실패하여 자연인이 되어 떠나는 사람, 사업에 성공하여 거드름을 피우며 해외여행을 제집 드나들 듯이 하는 등 빈자와 부자 등 다양한 생활 모습으로 살다가 늙어 가는 것이 오늘을 살아가는 우리들의 생활 모습이다.

3) 동시대인들의 생활 모습을 형상화한 사회적 상상력

변화의 속도가 빠른 산업사회에 살고 있는 현대인들은 물질을 소유한 정도의 차이로 행복을 계측한다. 그러나 그것은 산업사회가 만들어 낸 환상일 뿐이다. 대중매체의 홍보 영상이나 드라마 속의 등장인물의 생활 모습을 모방하는 극히 수동적인 삶을 살아가는 것으로 만족한다. 따라서 더 많은 물질을 소유하기 위해 치열한 경쟁을 벌이며 살아가다 보니 주체적인 삶을 살아가는 것이 아니라 궁핍한 생활을 했던 과거의 생활 경험에서 오직 내 밥그릇을 챙기기 위해 남의 밥그릇을 넘보는 비도덕적인 일을 서슴없이 벌여 각종 사회 문제를 일으키기도 한다. 궁핍한 시절 콩 한 조각도 나누어 먹으며 오순도순 살아왔던 공동체의식이 해체되었다. 윤리 도덕이 무너졌다. 수단과 방법을 가리지 않고 더 많은 물질을 소유하려고 탐욕을 부리는 등 선과 악의 구별이 모호한 시대가 되었다.

"너와 나의 거리는 얼마쯤일까/ 사거리에서 잠시 숨을 돌리는 자동차 바퀴처럼/ 혼탁한 생각들을 내려놓고/ 거리에서 일어나는 일들을 무심히 지켜보다/ 너를 발견하는 순간/ 등불처럼 피어나는 한 송이 꽃"(〈거리에서〉)처럼 거리를 배회하다가 남들이 하는 대로 무작정 "사람, 사람들이 사는 세상 속으로" 달려가는 삶을 살아간다. "밤이 열리자/ 공연이 시작되었다/ 바람이 허공을 흔들 때마다/ 펼쳐지는 오색 빛의 쇼/ 마치 꼭두각시 피에로 같다/ 객석은 텅 비었다"(〈거리의 피에로〉)라는 '거리의 피에로'와 같은 수동적인 삶을 살아간다. 대중매체들이 제공하는 영상을 보고 자기 의지대로 살아가는 삶을 포기하고 화려한 불빛을 쫓아 날아드는 부나비처럼 환상을 쫓아간다.

공원에서는 사회적 유통기간이 끝난 노인들이 "봄볕 가득한 공원/ 서리 맞은 호박 넝쿨 같은 노인들이/ 운동기구에 바짝 달라붙어 몸을 만든다/ 회전판 위에 올라서서 팽이를 돌린다"(〈공원에서〉)라고 공원에 마련된 운동기구로 체력 단련을 하고 있고, 시대 변화에 따라 개인별로 휴대폰을 소유하게 되고 휴대폰으로 서로 소통하는 시대에 불과 몇 해 전에는 "한때는 전성기가 있었지/ 내 집 앞은 언제나 북적거렸지/ 긴 행렬에 섞여 조급해하는 사람들을 보면 안타까웠지/ 중요한 약속을 잡아 주고/ 합격 통지서를 전해 주고/ 다급한 일들을 전해 주었지/ 골목으로 구급차를 불러 줄 때는 조바심이 났어/ 연인들이 은밀한 얘기를 할 땐/ 엿듣기라도 한 것처럼 얼굴이 화끈거렸어"(〈공중전화〉) 하며 부산했던 '공중전화'는 이제 쓸모를 잃어버리고 밀려나 장식품이 되었다. 그래서 가끔 술 취한 주정뱅이들에 의해 부스의 유리 창문이 박살이 나있는 경우를 종종 발견하게 된다.

　　매정하게 떠나는
　　기차의 꽁무니를 쫓아
　　빈 철로 위를 밤새 달렸다
　　어느 바람 불던 날
　　기차를 탔다

　　걷다 보면 늘 그 자리였다
　　생은 늘 줄타기였다
　　도시의 물결에 섞이지 못하고
　　이방인처럼 겉도는 날이 많았다
　　어두운 골목을 서성이다
　　풀이 죽어 돌아오면

따뜻하게 안아 주던 그곳

정수리에 있던 해가 기울었다
무지개를 따라간 소년은 기차를 탄다
그곳으로 간다

―〈그곳으로 간다〉 전문

　어디로 가야 하는지 방향 감각을 잃었다. 알 필요도 없었다. 무조건 남들이 하는 대로 평수 넓은 아파트에서 살고, 고급 승용차를 타거나 다이아몬드 장신구나 명품으로 치장하는 일에 관심을 둔다. 부자처럼 허세를 부린다. 성형수술로 남에게 미모를 자랑해야 직성이 풀린다. 물질을 많이 소유한 사람은 대접을 받고, 물질을 소유하지 못한 가난한 사람은 인격의 가치조차 인정받지 못한다. 겉으로 보이는 물질의 소유 여부와 권력의 높고 낮음에 따라 사람의 가치를 평가하는 것이 인격의 척도가 되어 버렸다. 정신적인 빈곤 상태를 방치하고 오직 물질을 쫓아가는 상대적인 빈곤감에서 벗어나지 못하고 살아간다. 어디로 가야 할지 몰라 방황한다. "걷다 보면 늘 그 자리"일 뿐이다. 방향 감각을 상실하고, "도시의 물결에 섞이지 못하고/ 이방인처럼 겉도는 날이 많았다/ 어두운 골목을 서성"이는 것은 자기 의지대로 의사 결정하고 살아가는 주체적인 삶이 아니라 주위 사람이 살아가는 생활과 비교하여 상대적인 박탈감으로 자신의 능력을 스스로가 부인하기도 하며 살아간다. 남과 비교하지 않고 주체적인 삶을 지향하며 나만의 길을 찾아가겠다고 다짐하다가도 그것을 포기한다, 그리고 또다시 "희망역을 출발한 기차가 푸른 깃발을 흔들며/ 해 뜨는 마을을 지나/ 해 지는 마을에 도착하는 그날까지/ 넘어지고 또 넘어져도 멈출 수는 없다/ 다시, 그 길을"(〈다시, 그 길〉) 걸어가는 다람쥐 쳇바퀴의 삶을 살아가는 것이 오늘에 사는 우리들의 생활 모습이고 자화상이다.

자동차가 다니는 거리에 난데없이 '싱크홀'이 생겨나 지나가는 사람의 목숨을 앗아가기도 하고, 코로나바이러스가 퍼져 사람들이 '홀로 방' 격리되는 '잃어버린 봄'을 맞이하는 등 불안하다. 문명의 발달은 인간을 노동에서 해방시키고 편리함을 가져왔지만, 그 편리함 대신에 언제 어디에서 생명을 앗아갈지 모를 불안감은 여전하다. 그러나 그 불안감을 망각하고 살아간다.

제3부 '그곳으로 간다'에서는 다양한 동시대인들의 생활 모습을 형상화한 사회적 상상력으로 공감이 가는 사회적인 문제들을 개인사적인 서사로 이끌어 내고 있다.

4) 마음의 안식처를 찾아 나선 시인의 삶

시인의 삶은 고달프다. 오늘날은 더욱 그렇다. 거짓과

진실이 뒤섞여 혼란한 상황이 전개되는 오늘날, 물질주의 시대 정신적인 희열을 맛보기 위해 창작을 하는 예술인과 문학인은 더욱 그러하다. 정신적인 가치를 우위에 두고 살아가는 성직자, 교육자, 예술인, 문학인, 학자 등도 산업사회 도시 문명 속에서 살아가려면 물질이 필요하다.

따라서 정신적인 가치를 우선에 두고 실력을 쌓기보다는 권력자의 편에 서서 주체적인 삶을 포기하고 애완견처럼 노예 근성으로 아첨하고 꼬리를 쳐야 출세의 길이 열리기 때문에 지나친 인간관계에 매달리는 사람이 많다. 옳은 길이 아님에도 권력자가 가는 길을 따라 함께 박수치며 따라가야 출세 길이 열리는 시대가 되었다. 따라서 실력이 없는 자가 실력이 있는 것처럼 위장하여 요란을 떨고, 빈자가 부자인 것처럼 속여 빈자들의 호주머니를 털어 간다.

탐욕에 눈이 어두운 사람들이 부나비처럼 화려한 불빛을 쫓아 몰려든다.

진실하게 문학의 본질을 추구하고 창작의 기쁨으로 살아가는 문학인들이 대중에게 알려지기란 낙타가 바늘귀를 뚫고 가기처럼 어려운 시대다.

이처럼 동시대를 살아가는 사람들은 저마다 외로운 섬처럼 자기 혼자만의 정신적 욕구 불만이나 사회적인 갈등 등 복합적인 스트레스에 시달리며 살아간다. 그러나 마음속에 살아 있는 고향, 즉 헤테로토피아의 공간을 찾아가는 일은 행복이 아닐 수 없다.

> 마음도 내 것이 아닐 때
> 다리 난간에 기대어 잔물결을 물끄러미 내려다본다
> 강물이 세찬 물결을 일으켜 흐를 때는
> 꿈을 꾸었다
> 더 큰 강으로
> 드넓은 바다를 향해 배를 띄웠다
> 강물처럼 흐르고 싶었다
> 물결은 몸을 불려 강으로 흘러가고
> 나는 나이테를 만들며
> 더 넓은 세상을 향해 달렸다
> 얼마나 많은 마을을 지났을까
> 간이역을 지나
> 정착한 도시에서
> 물결 위를 배회하는 물고기처럼
> 거센 풍랑에 허덕이고, 엎어지고, 뒤척이다
> 표류하는 배처럼 흔들리고 휘청거리다
> 잔물결을 따라 그 강을 거슬러 오른다
> 한 마리 연어처럼
>
> ―〈고향, 그 강〉 전문

고향의 강물처럼 시간은 흘러간다. 정신적인 방황과 갈등, 외로움도 강물이 흘러가듯이 세월이 지나면 잊혀져 추억으로 남게 된다. 젊은 시절에는 유용성을 따지지 않고 과감하게 꿈을 쫓아 달려갔지만, 이제 나이가 들어 가끔은 유용성을 따지는 경우가 늘어나고 있다.

그런데 유용성을 따지지 않는 몽상의 즐거움 때문에 인류는 오늘날의 눈부신 과학 문명을 이루어 냈다고 한다. 그렇지만, 물질적 풍요 속에서 젖어 살아가다 보니, 모든 가치를 유용성으로 저울질한다. 나도 모르게 꿈을 잃어버린 것이다. 망각해 버린 것이다.

진정한 예술인과 문학인은 자신이 하는 일을 유용성으로 저울질을 하지 않는다고 한다. 무조건 창작하는 고통을 인내하다가 만족할 만한 작품이 나왔을 때의 희열과 행복감 때문에 글 쓰는 재미에 빠져 살아간다고 한다. "거센 풍랑에 허덕이고, 엎어지고, 뒤척이다/ 표류하는 배처럼 흔들리고 휘청거리다/ 잔물결을 따라 그 강을 거슬러 오른다/ 한 마리 연어처럼" 시인은 오직 시를 쓰는 기쁨을 맛보기 위해 본능적으로 거센 물살을 헤치고 상류로 거슬러 오른다. 헤엄치듯 시인은 그렇게 살고 싶을 뿐이다.

'그곳에 가면' 만족할 만한 글 한 편을 수확할 수 있을 것이라는 기대로 오늘도 쉬지 않고 더 좋은 글을 잘 써보기 위해 공부하고 습작을 거듭한다. 이런 자세가 진정한

문인의 자세일 것이다. 김 시인은 좋은 시를 잘 써보려는 욕심은 물론 소설 장르까지도 도전하고자 대학에서 공부하고 있다.

시인은 문학 공부, 문학 작품 창작 등으로 바쁘게 살아간다. 그러면서 가끔 돌아가신 어머니와 아버지 생각에 이제 효도를 다하지 못한 것에 늘 가슴이 아려 온다. "딱정벌레를 닮아 가는 무리 속에/ 낮밤을 혼동하는 내 어머니가 섞여 있다"(〈딱정벌레〉)고 하는 요양병원에 계실 무렵 "어머니를 요양장에 묻고 돌아오는 길/ 사람들이 북적거리는 틈을 비집고 앉아 팥죽을 먹었다/ 어미 잃은 송아지의 그렁그렁한 울음으로/ 나·집·에·가·고·싶·어/ 뒷덜미를 낚아채며 따라왔다/ 수도승처럼 앉아/ 팥죽 한 그릇을 비웠다"(〈오월이 오면〉)고 말씀하시던 어머니가 생각난다.

그리고 "동백나무를 보면/ 겨우살이를 준비하는 아버지가 보인다"(〈동백꽃〉) 이제 그 나이가 되어 간다. 살다가 보니 젊은 날 부모님께 소홀히 대접해 드린 것이 아쉬움으로 남는 것이다.

이런 생각은 동시대를 살아가는 사람들의 공통된 마음일 것이다. 생로병사生老炳死, 짧은 인생을 살아가면서 작은 것에 만족하며 이웃과는 오순도순 살아가는 것이 소시민의 행복일 것이다.

3. 에필로그

"인생은 짧고 예술은 길다"고 한다. 문학의 길을 걷는 사람의 공통된 마음은 자신이 쓴 작품이 많은 사람에게 사랑받는 일일 것이다. 그러려면 누구나 공감할 수 있는 쉬운 작품이어야 한다.

김나영 시인은 독자들의 호기심을 끌기 위해 노력해왔다. 특히 시 창작 방법에 포스트모더니즘적인 기법인 경계 무너뜨리기로 시 속의 손바닥소설로 서사가 있는 시를 쓰는 독특한 창작 방법을 개발했고, 쉽게 이해할 수 있고 기억되도록 제목을 반복해서 마지막 행으로 종결하는 등 다양한 기법을 적용하는 개성적인 시 창작을 해온 분이다.

그의 시 세계를 압축해서 정리하면 다음과 같다.

첫째, 소시민의 생활 모습 시로 형상화하여 공감각적으로 진술하고 항상 따뜻한 눈길로 소외층의 서사를 형상화한다는 점이다.

둘째, 시공간을 넘나드는 상상력으로 개인적인 생활 체험을 사회적 체험으로, 역사적 체험으로 확장하여 시공간을 입체적 형상화했다는 점이다.

셋째, 다양한 동시대 사람들의 생활 모습을 형상화하였고, 사회적 상상력을 펼쳐 동시대를 살아가는 사람이면 누구나 공감하는 시를 창작해낸다는 점이다.

 넷째, 마음의 안식처를 찾아 갈등하고 방황하면서도 시인의 알찬 삶을 위해 자아성찰을 하고 꾸준히 노력하는 시인이라는 점이다.

그리고
아무 말도
하지 않았다

발행 | 2025년 8월 27일
지은이 | 김나영
펴낸이 | 김명덕
펴낸곳 | 한강출판사
홈페이지 | www.mhspace.co.kr
등록 | 1988년 1월 15일(제8-39호)
주소 | 서울특별시 종로구 삼일대로 457, 501호(경운동)
전화 02) 735-4257, 734-4283   팩스 02) 739-4285

값 13,000원

ISBN 978-89-5794-595-7 04810
　　　978-89-88440-00-1 (세트)

※ 저자와의 협약에 의해 인지는 생략합니다.
※ 잘못된 책은 바꾸어 드립니다.
※ 이 책은 평택시문화재단 '2025 전문예술활동 지원사업'의 지원을 받아 발간 제작되었습니다.